JN200628

改訂版

道徳教育のフロンティア

伊藤良高
冨江英俊
大津尚志 編
永野典詞
冨田晴生

晃洋書房

は し が き
——改訂版にあたって——

　2015年３月に学校教育法施行規則などが一部改正され、「特別の教科　道徳」（道徳科）が、小中学校に設置されることが決まった。いわゆる「道徳の教科化」である。教科化以前の「道徳の時間」からの主な変更点は、「文部科学省の検定済みの教科書が出来た」「児童生徒に対して、文章による評価をすることになった」ことがよく挙げられる。「考え、議論する道徳」がキーワードとなっており、道徳教育の充実が目指されている。

　「道徳の教科化」にあたっては、一部の識者やマスコミなどから、強い反対意見が出された。「国家による思想統制で、子どもたちの自由な発想を奪う」という論調である。しかし、「週に１時間の授業を、担任教諭が行う」という「道徳の時間」から変更がない点も少なくないという事実もある。一方、道徳の教科化に対して、現職教員からの意見は、あまり聞こえてこなかったように思われる。あるとすれば「小学校英語の教科化」や「主体的・対話的で深い学び」など新しいことが次々と教育課程で入るなかで、「多忙で、新しいことはやりたくない」という意識が、賛成反対の以前の段階として、あったとも考えられる。

　以上のような「道徳の教科化」をめぐる議論をふり返ると、道徳教育の本質に迫ったとは言い難いのではないか。それは、議論の当事者の力量が云々という問題では決してなく、それだけ「道徳教育」が奥の深いものであるということであろう。「道徳とは何か？」を考えるだけでも膨大な知識をもとにした考察が必要で、「道徳を教える、すなわち道徳教育とはどういうことか？」そして「道徳教育はいかにあるべきか？」を考えるとなると、より一層の思索が必要なのである。

　本書は、この道徳教育の奥深さに少しでも迫るべく企画された、前著『道徳教育のフロンティア』の改訂版である。次の２点の基本的事項は前著と同じである。１点目は、同大学・短期大学・専門学校等において道徳教育や教職について学ぼうとする学生諸君の講義テキストとして、また、現職教師・教育関係者のための実務・研修テキストとして、さらには子ども・若者の教育問題に関心を持っている一般市民のための書として編まれたことである。２点目は、保育・福祉・心理など様々な学問研究の成果と、小・中学校のみならず、保育所・幼稚園等保育施設や高等学校、大学・短大等高等教育機関、家庭・地域社会における諸実践や活

動、さらには国際的動向をも視野に入れ、総合的に考察しているという基本方針である。この基本的事項はそのままで、「道徳の教科化」による変化を紹介して考察し、その変化に明るい新たな執筆者も加わっている。

　道徳教育の奥深さに、本書がどれだけ迫り得たかは賢明な読者諸氏の判断に委ねるしかないが、道徳教育に関係する方に、何らかのヒント、素材となれば、私たちの望外の喜びとするところである。

　最後になったが、厳しい出版事情のなかで、本書の出版を快諾された晃洋書房の植田実社長、編集でお世話になった丸井清泰氏、校正でお手数をおかけした石風呂春香氏に、感謝の意を表したい。

　2019年1月10日

編 者 一 同

目　　次

第1章 人間形成と道徳

——価値観多様化時代の「人格の完成」論——

はじめに

　人間形成とは、1人1人の人間が「人間らしい人間」として育てられ、育っていくことにほかならないが、人間のあるべき姿としての理想的人間像は基本的には、1人1人の人間が自分の人生を考え、その未来を思い描く過程のなかで自由に探究していくべきものである。また、それを具体化した教育の目的・目標についても、1人1人の人間がそれらを自らのものとして主体的に担い、自主的に創り上げていくことが大切である。

　本章では、人間形成と道徳について、価値観多様化時代の「人格の完成」論という視点から考察することにしたい。内容としては、以下のようになる。まず、人間形成と道徳の関係、すなわち、人間形成における道徳の意義について叙述する。そして、人間形成の理想として、特に20世紀半ば以降グローバルに措定されている「人格の完成」概念について検討する。最後に、そうした「人格の完成」を志向するための道徳教育の課題について指摘しておきたい。

1　人間形成における道徳

　人間形成と道徳の関係、すなわち、人間形成における道徳の意義はどのようなものであるか、あるべきか。それについては古今東西、様々な意見や考え方が陳述、展開されてきているが、以下では、先行するいくつかの文献・研究に依拠しながら叙述することにする。

　まず、人間形成をどのような営みと見るかという問いから始めたい。「人間形成」とは、字義的には、「国民各自が、一個の人間として、また一市民として、成長、発達し、自己の人格を完成、実現する」または、「子どもが将来一人前の大人になり、共同社会の一員としてその中で生活し、自己の人格を完成、実

現していく²⁾」ことなどであるといってよいが、この点に関し、鈴木英一は、次のように述べている。「人間は、あらゆる機会に、あらゆる場所において、学習により、自己の能力の発達をはかり、人格の形成を行う主体的存在である。人間は、一定の社会的・文化的環境のなかで、言語を媒介とする学習活動により、様々な人間能力を獲得し、人間としての主体的・創造的な発達をはかる。ここにいう人間能力とは、認識能力、表現能力、判断能力、行動能力、労働能力、統治能力など、人間としての生存に不可欠なあらゆる人間的性質をさし、人間としての発達には、生物学的発達ばかりでなく、歴史的・文化的発達も含まれる³⁾」。「人間は教育によってだけ人間になることができる⁴⁾」というドイツの哲学者カントの言葉を待つまでもなく、教育は、人間とりわけ子ども・若者が１人の人間として成長・発達していくために必須のものであるが、この鈴木の指摘には、生物学的・社会的・文化的な存在であり、人格形成の主体である人間が、生涯にわたる学習を通して、主体的・創造的に人間的諸能力（＝人間的性質）の発達を図っていくことの重要性が示されている。

中谷彪は、上記教育の定義に関して、外国・日本における著名な教育学者の定義を検討しながら、「教育とは、ある一定の目的に向かって、計画的・意図的に人間の成長と発達を図っていく営みである⁵⁾」と規定している。ここでいう「ある一定の目的に向かって」とは、「理想的人間像に向かって」ということになるが、中谷は、「教育活動は本来的に目的志向的であるところから、いかなる理想的人間像を育成するかは、教育活動においては抜かすことのできない問題である。このことは、幼児教育であれ、小・中学校の教育であれ、家庭教育であれ、社会教育であれ、それらが教育活動である限り、すべてに当てはまる⁶⁾」と指摘している。このように、教育にはそれが意識されていようがいまいが、必ず「一定の目的」、すなわち「理想的人間像」が想定されているのである。

では、こうした理想的人間像に向かって、教育活動を通して人間的諸能力の発達を図りながら、一個の人格を完成、実現していくことが人間形成であるとするならば、そこにおいて道徳の持つ意義とはいかなるものであろうか。

「道徳」概念については、「人間が社会生活を営むうえで守らなければならない規範・規則の総体⁷⁾」、「道理となる「人として正しい生き方（人倫）を示す規範」や「現実から理想へ向かうための指針」を理解したうえで、それを個人の主体的な判断に基づいて具体的に実践できること⁸⁾」、「（歴史的にいって）……一方で、共同体において秩序をいかに維持するのかという規範の問題とかかわり、他方

で善く生きるには自らをいかに形成すればよいのかという個別的な生の技法の問題」など、きわめて多岐、多様にとらえられている。これを人間形成との関係で見れば、一定の社会的・文化的環境のなかで、1人1人の人間が、いかにあるべき姿としての理想的人間像を追求していくのかにつながるものということができる。すなわち、人と人の関わりのなかで、いかに人間らしい人間となるか、あるいは自分らしい自分になるかを問う指針（基準）となるものの1つが道徳であるということになる。敷衍すれば、人間として真に幸福に生きる（より良く生きる）ために必要な人間的価値（人間としてあるべき根源的な価値）に対して、理論的・実践的な根拠や方向性、ヒントを指し示してくれるものが道徳であることが望ましい、といえるのではないだろうか。

2　人間形成の理想としての「人格の完成」

　現代は、「多元化社会」と呼ばれるほど、価値観が多様な社会となりつつある。2013年6月に閣議決定された文部科学省「（第2期）教育振興基本計画」は、日本における諸情勢の変化の1つとして、「グローバル化や少子化・高齢化など社会の急激な変化」を掲げ、「世界は、グローバル化や情報通信技術の進展に伴い、人・モノ・金・情報や様々な文化・価値観が国境を越えて流動化するなど、変化が激しく先行きが不透明な社会に移行している。……このような状況は、……社会生活の様々な側面に影響を及ぼしつつあるものと考えられ、我が国社会の各分野において早急な対応が迫られている」と述べているが、こうした現代社会にあって、人間のあるべき姿としての理想的人間像はどのように描かれているのであろうか。以下では、特に20世紀半ば以降グローバルに措定されている「人格の完成」概念について検討しておきたい。

　現代世界は、「世界人権宣言」（国連、1948年12月）をはじめ、「児童の権利宣言」（国連、1959年11月）、「国際人権規約」（国連、1966年12月）、「児童（子ども）の権利に関する条約」（国連、1989年11月）などを有しているが、これらの文書にはそれぞれ、文言は多少異なるものの、「人格の完成」という、すぐれて高遠な教育目的が盛り込まれている。例えば、「児童（子ども）の権利に関する条約」第29条〔教育の目的〕第1項（a）は、「児童の人格、才能並びに精神的及び身体的な能力をその可能な最大限度まで発達させること」と述べている。この規定は、教育の目的としての「人格の完成」が国際法のレベルで、普遍的価値を持つ国際

4

的規準（グローバル・スタンダード）として広く承認されていることを示すものである。教育思想的にいえば、「近代以降の人間教育の思想と結びついて歴史的に形成されてきたもの[11]」であり、エラスムス、ルソー、ペスタロッチ、フレーベルなどの教育思想家によって提唱され、大切な教育的価値として継承されてきた近代教育思想が、2度に亘る世界大戦の悲惨な経験を経て結実したものということができる。その基底には、「人権としての教育観」が脈々と流れている。

　日本においても同様に、1947年に公布された「教育基本法」（旧法）第1条（教育の目的）で、「教育は、人格の完成をめざし、平和的な国家及び社会の形成者として、真理と正義を愛し、個人の価値をたつとび、勤労と責任を重んじ、自主的精神に充ちた心身ともに健康な国民の育成を期して行われなければならない」と定められた。この「人格の完成」概念について、法制定当時、文部省は、次のような解釈を示している。「人格とは人間の諸性質、諸能力、諸要求の統一、調和のすがたである。人間の諸能力は常に発展してやまないものであるから、それらの開発、発展、調和、統一が完成である。教育はかかる「人格の完成をめざす」ものでなくてはならぬ[12]」。ここには、「個人の価値」や「個人の尊厳」を前提として、人間性に含まれている様々な能力が十分に引き出され、活かしつくされている状態、換言すれば、人間のうちにある無限に発達する可能性ないし諸能力、諸資質の全面的かつ調和的な発達・発展の姿が示されている。いわゆる人間諸能力の全面的発達論、もしくは多面的発達論である。そして、「人格の完成」した人間とは、「個人の完成にとどまらず、国家及び社会の形成者でもある[13]」という意味でもある。理想的人間像としての「人格の完成」は、人類の達すべくして達しえない究極の姿であるが、それを目標として一歩一歩近づいていこうとする人間教育こそが、国家・社会の歴史的創造主体を育成することができるという認識がその背景にある[14]。

　2006年12月に全部改正された教育基本法第1条（教育の目的）は、「教育は、人格の完成を目指し、平和で民主的な国家及び社会の形成者として必要な資質を備えた心身ともに健康な国民の育成を期して行われなければならない」と規定している。同条について、旧法のそれと大きく異なり、「「人格の完成」した人間像が、「個人の完成」を素通りして、直ちに「国家及び社会の形成者」と連結されている。……いわば、「人格の完成」した人間像に対して「国家及び社会の形成者」という枠をはめている[15]」といった批判が出されている。この批判にあるように、同法においても引き続き、「人格の完成」概念は、「個人の価値」

や「個人の尊厳」という観点からとらえられ、「個人の完成」を基礎として正当に位置づけられる必要があろう。いずれにせよ、現代世界において、「人格の完成」概念は、普遍的な教育価値として定着しているものであるということができる。

３　「人格の完成」を志向する道徳教育の課題

　上述のようにとらえられる人類究極の理想的人間像としての「人格の完成」概念は、価値観多様化時代の現代にあって、いかなるかたちで実現されていくべきであろうか。以下では、「人格の完成」を志向する道徳教育という視点から、３点、課題を指摘しておきたい。

　第１点は、「人格の完成」という言葉に込められた深奥(しんおう)な意味を前提としつつ、その具体的な理解や内容は、１人１人の人間に委ねられているととらえておく必要があるということである。すなわち、「人格の完成」概念は、「人格を完成したものとせず、その統一の方向にダイナミックに進んでいく」[16]という意味あいを持つものと理解したうえで、１人１人の人間が自らのものとして、主体的に担い、自主的・創造的に創り上げていくものであることを意識化する必要がある。すでに述べたように、人間は本来、子ども・若者を含めて、自由かつ独立の人格の主体であり、そのあり様は基本的には、１人１人の人間が自分の人生を考え、その未来を思い描く過程のなかで個性豊かに探究していくべきものである。道徳教育とは、こうした「人格の完成」を追い求めていくプロセスに資するものでなければならず、「上（国家・行政等）からの押し付け」や「他者（保護者・教師・地域住民等）からのお仕着せ」であってはならないであろう。すなわち、それは、人間教育の一環として、「人格の完成」につながる「人間的なるもの」（人間的価値）を模索し、検証する（考え深める、見つめ直す、学びほぐす）[17]ことに重点がおかれることが望ましいといえよう。

　第２点は、「人格の完成」は、１人１人の人間が「その生涯にわたって、あらゆる機会に、あらゆる場所において」（教育基本法第３条）めざすものであるということを認識しておく必要があるということである。ここでいう「あらゆる機会に、あらゆる場所に」とは、家庭、学校（保育所等児童福祉施設などを含む）、地域社会を意味しているが、家庭教育、学校教育、社会教育といったすべての教育の営みを通して、１人１人の人間形成・自己形成が図られていくことが大

切である。この点について、中谷彪は、次のように述べている。「国民の一人ひとりは、あらゆる機会に、あらゆる場所において、自己の成長と発達のために、すなわち自己の完成のために、努めなければならない……教育の最高形態が自己教育であることを考えると、あらゆる機会、あらゆる場所において、自己完成のための学習に努めることが求められているのである[18]」。その背景には、「教育は、あらゆる機会にあらゆる施設を通じて不断に行はれなければならないものであって、真理は普遍的なものであり、人格は尊厳なものであり、社会はお互の協力によってはじめてその健全な発達を期待し得るものである[19]」という考え方がある。このことは、道徳教育においてもまた、然りである。すなわち、家庭、学校、地域社会にはそれぞれ固有の道徳教育（いわゆる「しつけ」を含む）があり（特にない場合も見られる）、それらは総体として、1人1人の人間の「人格の完成」を志向するものでなければならないといえよう。

　第3点は、第2点と深く関わるが、学校における道徳教育は、1人1人の子ども・若者の「人格の完成」と結びついて行われるものでなければならないということである。学校教育における道徳教育のあり方（理念・目標・内容・方法・体制）については多種多様な議論や動向が展開されてきているが、1人1人の子ども・若者の発達保障及び生活保障を通じて、彼ら／彼女らの民主的人格を育成していくことに資するものであることが求められる。柳沼良太は、こう語っている。「道徳教育で基本となるのは、子どもの生活経験から出発し、子どもがみずから道徳的な問題状況を主体的に考え、因果関係をふまえ、道徳的原則や知識・技術を活用するとともに、当事者間の一般的福祉を増進する方向で、総合的に判断できるように支援することである。こうしたなかで子どもが獲得した道徳的観念を日常の生活経験に応用して、道徳的価値の自覚を高めたり、道徳的な行為や習慣と結びつけたりすることで、真の人格形成を行うことができる[20]」。ここには、学校における道徳教育を、教育における二大機能としての「陶冶」と「訓育」の統一過程（相互に交流し、浸透しあう過程）としてとらえていくことの大切さが示されているが、すべての子ども・若者の「人格の完成」に資する道徳教育を実践するための民主主義的原理と方途が模索されねばならないといえよう。

おわりに

　現代世界が多元化するなかで、そこにおける価値観もまた多様化しており、今後その傾向はさらに進んでいくことが予想される。こうした状況にあって、現代社会における道徳教育に求められるものとはいったい何であろうか。この点に関して、岡部美香・谷村千絵は、端的に、「自他を含めた多様な声を大切にし、それらに丁寧に応答すること[21]」と述べ、各人の「当たり前」に丁寧に思考をめぐらせることは、他者の声を聴くこと、そして自らの思考の枠組みを問い直していくことであると提起している。この指摘は、人間形成と道徳の関係を考えるさいに貴重なヒントを与えてくれる。1人1人の人間が「人格の完成」を追求するなかで、多様な人生観・価値観とどう向きあっていくか、また、それらを当事者間でいかに主体的、共同的に創造していくかが鋭く問われているのである。

　演習問題
　1．人間形成における道徳の意義についてまとめてみよう。
　2．人間形成の理想としての「人格の完成」の意味について整理してみよう。
　3．理想的人間像としての「人格の完成」における道徳教育の課題について考えてみよう。

注
1）最高裁判所大法廷「北海道学テ事件判決」1976年5月21日。
2）同上。
3）鈴木英一『現代日本の教育法』勁草書房、1979年、134頁。
4）I. カント『教育学』1803年。
5）中谷彪「教育基本法の人間像と幼児教育」、伊藤良高・中谷彪・北野幸子編『幼児教育のフロンティア』晃洋書房、2009年、18頁。参照：中谷彪『教育基本法と教員政策』明治図書出版、1984年、他。
6）同上。
7）山根耕平「道徳性の発達と教育」、佐野安仁・荒木紀幸編著『改訂版　道徳教育の視点』晃洋書房、2000年、30頁。
8）柳沼良太『「生きる力」を育む道徳教育――デューイ教育思想の継承と発展――』慶應義塾大学出版会、2012年、15頁。

9）渋谷亮・國崎大恩「西洋における倫理と道徳の思想史——新たな道徳教育に向けて——」、岡部美香・谷村千絵編『道徳教育を考える——多様な声に応答するために——』法律文化社、2012年、20頁。

10）参照：中谷彪「子ども・若者の幸福と努力——『幸福に生きる権利』とかかわって——」、伊藤良高・永野典詞・大津尚志・中谷彪編『子ども・若者政策のフロンティア』晃洋書房、2012年。

11）中谷彪『教育基本法の世界——教育基本法の精神と改正論批判——』渓水社、2003年、32頁。

12）文部省『教育基本法説明資料』1947年3月。

13）中谷前掲論文、20頁。

14）参照：伊藤良高「教育の目的・理念をめぐる議論と展開」、伊藤良高・中谷彪編『教育と教師のフロンティア』晃洋書房、2013年。

15）中谷前掲論文、21頁。

16）務台理作「民主主義教育の理念」、鈴木英一編著『教育基本法の制定』学陽書房、1977年、260-261頁。

17）参照：高橋舞「多文化社会をひらく道徳」岡部・谷村前掲書。

18）中谷彪前掲書、34頁。

19）文部省「教育基本法要綱案」1946年9月21日。

20）柳沼良太前掲書、200頁。

21）岡部・谷村前掲書、はしがき（ⅱ）。

参 考 文 献

伊藤良高編著『第2版　教育と福祉の課題』晃洋書房、2017年。

伊藤良高編著『教育と福祉の基本問題——人間と社会の明日を展望する——』晃洋書房、2018年。

伊藤良高・伊藤美佳子『新版　子どもの幸せと親の幸せ——未来を紡ぐ保育・子育てのエッセンス——』晃洋書房、2017年。

伊藤良高・伊藤美佳子編『乳児保育のフロンティア』晃洋書房、2018年。

伊藤良高・大津尚志・中谷彪編『新教育基本法のフロンティア』晃洋書房、2010年。

伊藤良高・大津尚志・中谷彪・永野典詞編『新版　生徒指導のフロンティア』晃洋書房、2013年。

伊藤良高・宮﨑由紀子・香﨑智郁代・橋本一雄編『保育・幼児教育のフロンティア』晃洋書房、2018年。

『教育と医学』（特集：道徳の教科化をめぐって）第724号、2013年。

第2章

道徳教育の基礎理論

──哲学的・教育学的・心理学的な側面から──

はじめに

「道徳」という言葉は、非常に広範囲な語義を持ち、日常的な用語としても、学術的な用語としても、極めて多種多様な意味で使われる。「道徳教育」という言葉になると、そこから「どのように教えるか」ということが加わるため、ますます多面的な要素が入ってくる。

そこで本章では、道徳教育の基礎理論を、学問分野をもとに分類して考察することとした。道徳教育に関する研究の蓄積や、道徳教育の歴史、道徳教育に関する実践などをふまえて、「哲学的」・「教育学的」・「心理学的」の大きく3つにわけて概説し、それ以外で言及すべきものとして、教育人間学と儒教を挙げ、最後にまとめることとしたい。

1 哲学からのアプローチ

哲学は、「世界」や「自己」がどのような存在であるかを問う学問であり、哲学の一部である倫理学は、物事の善悪や正邪の判断基準を考える学問である。哲学や倫理学は、どんな研究でも道徳に関係していると言っても過言ではないが、「徳」「道徳」について多く考察し、道徳教育を語る上で見逃せないソクラテス、プラトン、アリストテレスに代表されるギリシャ哲学と、18世紀後半のドイツ観念論の代表的論者であるカントをここでは取り上げる。

ソクラテスは、問答法や産婆術によって、「無知の知」を相手に気付かせることで、そこから正しい生き方を導き出した。彼の道徳に対する考えは、「徳は知なり」と言われ、正しいことを知ることと善い行いをすることとは同じことだとした。

ソクラテスに師事したのがプラトンである。プラトンはイデア論や哲人政治

などで有名である。彼は、人間の魂は理性、欲望、気概の３つに分かれるとし、理性には知恵の徳が、気概には勇気の徳が、欲望には節制の徳がそれぞれ対応しており、これらが正義の徳によって統合されることが、理想的な形と説いた。知恵、勇気、節制、正義を「プラトンの４元徳」と呼ぶ。

　プラトンの弟子がアリストテレスである。彼は、「徳」（アレテー）を「倫理的徳」と「知性的徳」に分類した。「倫理的徳」は「中間」（メソテース）の状態であるとされる。あまりに恐れすぎること（臆病）と何の恐れも感じないこと（無謀）との「中間」が「勇気」であるといったものがその例である。「知性的徳」にもいくつか種類があるが、彼が重視したのは「知慮」（フロネーシス）である。科学的な知識にあたる「学知」とは別のもので、特定の時と場合において、適切な判断が出来るという実践の知である。

　カントは、人間の行為において、「××ならば、○○すべし」という「仮言命法」は道徳的とはなりえず、「○○すべし」という「定言命法」こそが道徳律となるとした。道徳を外面的なことから結果として判断するのではなく、内面的な動機を重視したのである。人間固有の働きとして理性があり、理性によって「意志の自律」ができ、そこに自由があるとされたのである。理性が感性を支配することが道徳的であるとし、教育の最高目的は、純粋な道徳的意志の覚醒であるとした。

　以上が哲学からの道徳教育の考察である。かつては学問全体を哲学が網羅しており、そこから自然科学や社会科学が分かれていったことを考えれば、哲学からのアプローチは、「道徳教育」というより、「道徳」そのものに根本的に迫ろうとしていると言える。一方で、哲学や倫理学は思弁的で抽象度が高く、ヨーロッパの文化・社会・宗教が背景にあるため、それ以外の地域に身を置く者からすれば難解と取られることも少なくないと言える。

2　教育学からのアプローチ

　本節では、「教育学の父」と呼ばれるヘルバルト以降において、道徳教育について特筆すべき理論を残した教育学研究者を取り上げる。ヘルバルトの他に、デューイとデュルケムを扱う。

　教育学を学問として確立したヘルバルトは、教育の目的を倫理学に、教育の方法を心理学に求めた。彼の道徳教育に関する理論は、一言で述べれば、主知

主義的道徳である。「思考から感情が、感情から根本法則行動の仕方が生ずる」と述べ、思考を明確にすることが行為への唯一の動力としている。したがって、教授する（教育的な知識を教える）ことを抜きにして、道徳性の教育はあり得ないという立場となるのである。[2] ヘルバルトが活躍したのは19世紀前半であったが、彼の理論は、啓蒙主義的な時代の風潮と、ヨーロッパを中心として世界各地で起こっていた当時の近代学校の拡大という背景の中で、浸透していった。

　デューイは、19世紀末から20世紀初頭にかけて、進歩主義教育を唱えたアメリカを代表する教育学者で、知識を伝達するだけの教育を批判し、子どもを学習の主体ととらえた。哲学としての立場は、プラグマティズム（道具主義）である。「なすことによって学ぶ」(learning by doing) というフレーズに代表されるように、作業を作業として学ぶだけでなく、そこから社会的な意味も理解させるのである。[3] デューイの道徳観は、個人が社会の一員となることを重視したもので、民主主義というアメリカ社会の基本的な価値観を育成していくことが大事であると考えた。社会と個人は相互作用しながら、互いに成長していくとしたのである。

　アメリカでデューイが活躍していたのと大体同じ時代に、フランスではデュルケムが教育と社会の関連性を考察していた。道徳とは、個人が社会に所属するために必要なものであると見なし、「規律の精神」「社会集団への愛着」「意志の自律性」の3つの要素が道徳にはあるとした。デュルケムの道徳思想は、個人を軽視していたり、個人が全体社会より優越するという主張ではないが、国家などの社会をまず第1に考え、個人が道徳心を持つ内面の過程については、論理展開が弱いとされている。彼が生きた時代は、ヨーロッパの国々が、帝国主義へと進んでいく時代であり、国家統合の装置として、学校教育をとらえた点に特徴がある。

　以上が教育学からのアプローチであるが、教育学とは様々な立場があるにせよ、学校という教育現場にどのように役立つかという教育実践について大なり小なり関心がある。近代学校の普及とともに教育学が進歩してきたという面があり、国家・教師・子どもという学校に関わる人々においての関連、または学校と学校外（家庭・地域）との関連といった、学校に関する論点が多いことが、良くも悪くも教育学の道徳教育研究の特徴である。

③ 心理学からのアプローチ

　道徳教育を心理学的にとらえることとは、端的に言えば子どもの道徳性がどれだけ発達したかを、計測することである。このアプローチの代表的人物はコールバーグである。コールバーグは、幼児の発達段階を研究したピアジェの理論を、道徳性の観点から深めたとされる。彼は、道徳性の発達段階を3水準6段階とした。1つの水準が、それぞれ2つの段階にわかれて、**表2-1**のようになっている。

　この発達段階を測定は、「モラル・ジレンマ」教材を使用して行われる。このコールバーグの理論は、世界中の多くの教育現場で使われているが、国や文化によって結果が違うのではないか、男性と女性では違った傾向が生じるのではないかといった発達段階の普遍性に関する異議も出されている。ギリガンは、コールバーグが提起したのは「公正の道徳性」であり、それとは別の「思いやりと責任の道徳性」があり、この道徳性は女性に顕著にみられると指摘した。

　心理学の大きな特徴は実証的ということである。実証的とは、観察や実験によりデータを収集した、自然科学に近い手法であるので、教育の効果を明確に把握できて説得力が増し、教育現場にも浸透しやすいという点は長所である。しかし一方で、個人の発達を強調するあまり、他者との関係性や社会構造については関心の外に置かれるという傾向も否めない。

表2-1　コールバーグによる道徳性の発達段階

第1水準	第1段階　罪と服従の志向
慣習的水準以前	第2段階　道具的な相対主義的志向
第2水準	第3段階　対人的な同調、「よい子」志向
慣習的水準	第4段階　「法と秩序」志向
第3水準	第5段階Ⅰ　社会契約的な法律志向
自律的、原理化された水準	第5段階Ⅱ　人間的な公正の良心志向
	第6段階　普遍的な倫理的原理への志向

出典：佐野安仁・荒木紀幸編著『第4版　道徳教育の視点』（晃洋書房、2018年）より作成。

4　その他の学問分野からのアプローチ
——教育人間学と儒教——

　これ以外の学問分野として、20世紀後半から出てきた教育人間学と、東アジアの思想である儒教を取り上げる。

　教育人間学とは、人間を根本的に見直して本質を理解し、そこから教育について考えるもので、ドイツで特にさかんである。ディルタイの精神科学や、ランゲフェルドの現象学などがあるが、最も代表的な論者として、ボルノウを挙げておきたい。彼は、実存哲学の人間のとらえ方を教育学に取り入れ、人間は連続的に発展していくわけではなく、危機や覚醒、出会いや挫折などを繰り返して経験するとした。道徳教育で扱うべき徳目については、第1に実存哲学の概念としての「自律」、第2に「感謝」や「信頼」に基づく「新しい庇護性」、第3に「正直」「謙虚」などの「平明で単純な徳」の3つの領域に区分できるとしている。

　儒教とは、孔子に始まる中国の代表的思想で、君臣、父子、夫婦、兄弟、朋友の5つの倫を教える。その中心は祖先祭祀によって結ばれる家長中心の家の秩序で、家を模した国家などの集団の上下の秩序を重視する。人はそのような組織の中で、子や臣などの分の決まった存在であって、その分に従って身を修めるべきとされる。戦前の日本の教育は、教育勅語や修身科などを基本とし、儒教的性格が強かったとされている。終戦直後の教育改革において、戦前の教育がことごとく否定されたと一般的に言われているが、日本の文化と社会に儒教の精神は息づいており、学校教育の場においてもっとさかんに扱うべきだという意見も根強くある。

おわりに

　本章のまとめとして、道徳教育の基礎理論を考えるにあたって、次の2点を指摘しておきたい。

　1点目として、道徳教育については、様々な観点からのアプローチがあるが、絶対的なものはないということである。それぞれの学問分野において、道徳教育について、より迫りえる面と、見落としたり等閑視する面があるわけである。

学問間を比較しても優劣や軽重は基本的にはないということである。確かに哲学や倫理学は、学問の歴史も古く、道徳教育を考える上で基礎的な位置を占めることは間違いない。しかし、哲学や倫理学の知見がなければ道徳教育研究が成り立たない、という必要条件ではないのである。

「道徳教育学」という言い方は存在しないことからわかるように、道徳教育に関する研究は、本質的に極めて学際的なもの（様々な分野の研究にまたがっているもの）である。そのことを念頭においた上で、それぞれの理論を考察する必要があろう。

２点目は、教育政策のなかで、教育実践の場において、さらには一般社会の日常会話において「道徳教育」が語られる時には、その道徳教育のあり方が、大なり小なり、何らかの理論と重なる点がある、ということである。発言している当事者が自覚してもしていなくても、何らかの理論・前提・価値判断の上に立っているわけで、道徳教育のあり方について考察や評価をする際には、このことに留意しなければならない。例えば、学習指導要領には、道徳教育で扱うべき内容項目として、愛国心や郷土愛が盛り込まれているが、これを「戦争の惨禍をくりかえす軍国主義的な徳目」ととらえるか、「デュルケムが道徳の要素として挙げた『社会集団への愛着』の１つの形態」ととらえるかで、イメージは変わるであろう。前者より後者の方が、学問的な知見を取り入れた、客観的な考察となっているのである。道徳教育について実りある議論を行うためには、本章で取り上げたような道徳教育の基礎理論がなくてはならないのである。

　　演習問題

1．本章で取り上げた道徳教育の理論を唱えた人物のなかで、最も興味を持った１人を取り上げ、さらに詳しく調べてみよう。
2．1．をふまえたうえで、「道徳教育」の定義を自分なりに考えてみよう。
3．道徳教育の基礎理論を考える意義について、まとめてみよう。

注
1）「儒教」とほぼ同義語として「儒学」があるが、本章では「儒教」と記す。
2）村田昇『道徳教育の本質と実践原理』玉川大学出版部、2011年、33頁。
3）例えば、木工や裁縫や料理などといった作業をすれば、それを関連付けて生活の方法として考える、ということである。
4）「実存」とは、「自己の存在を自覚的に問いつつ存在する人間の主体的なあり方」。実

　存哲学とは、実存を哲学の中心におく立場。

5）広岡義之『ボルノー教育学入門』風間書房、2012年、44頁。

6）『国民百科事典』（平凡社、1967年）の「儒教」の項目。

参考文献

小笠原道雄編『道徳教育原論』福村出版、1991年。

太田直道『生き方の道徳教育——現代道徳哲学二十講——』三学出版、2008年。

今井康雄編『教育思想史』有斐閣、2009年。

押谷由夫編『道徳教育の理念と実践』放送大学教育振興会、2016年。

金光靖樹・佐藤光友編著『やさしく学ぶ道徳教育——理論と方法——』ミネルヴァ書房、
　　2016年。

コラム1

▶ 「思想・良心の自由」「信教の自由」と道徳教育

日本国憲法の理念
――内心における自由の徹底した保障――

　憲法学においては、長らく、学校教育において憲法的価値教育を行うことは許されるのか否かが学説上の争点とされてきた。学校教育の使命を、将来の主権者となる倫理的な判断能力を持った自律した個人を育成することだと仮定したとしても、公教育が、個人の信条に関わる問題についてどこまで踏み込むことができるのかという点についての論争は今日なお続いている。

　信条とは、ここでは、さしあたり1つの独立した主義と措定しておこう。日本国憲法は第19条で「思想・良心の自由」を保障し、第20条では「信教の自由」を保障している。欧米の憲法では、宗教の自由を「良心の自由」として保障するのが一般的であり、「思想・良心の自由」と「信教の自由」を別個の条文として規定している点は日本国憲法の特徴ともいえる。もとより、この背景には、戦前の治安維持法によって思想の弾圧が図られたことへの深い反省があり、日本国憲法で保障された「思想・良心の自由」は、憲法原理である民主主義を否定する勢力には自由を与えない（戦う民主制）ドイツなどとは異なり、内心にとどまる限りにおいては、たとえ日本国憲法の基本理念を否定する自由さえ保障する徹底したものである。

　子どもの内心における自由の保障をめぐる問題

　この際に問題となるのは、大人の「思想・良心の自由」とは別に、発達段階にあってそれぞれの信条を形成する途上にある子どもの「思想・良心の自由」をめぐる問題である。日本国憲法の学説上は、「思想・良心の自由」として保護されるのは人格形成に役立つ特定の内心の活動だけだと考える説（限定説）もあるが、子どもも当然に人権を享有（きょうゆう）する主体であること、また、発達の途上にある子どもの内心の自由を保障しなければ、結果として、既存の信条のみを憲法が保障していることになってしまうことから、仮にこの立場に立つとしても、子どもに「思想・良心の自由」の保障が及ぶことに疑いはない。そこで問題となるのは、発達の途上にある子どもの「思想・良心の自由」をいかに保障すべきか、特に、学校教育との関係である。

　先に述べたように、学校教育を、将来の主権者となる子どもに対して倫理的な判断能力を持った自律した個人として育成することを目指すものと定義すると

しても、その際、知識だけでなく、価値の伝達までも許されるかという点が問題となる。これが先に挙げた憲法的価値教育をめぐる論争である。つまり、自由や平等、民主主義といった日本国憲法に掲げられた価値を教育することは、将来の主権者が身につけておくべき知識であるとはいえそうだが、それを否定する信条を持った子どもの内心の自由をも保障するためには、学校教育に、たとえ憲法的価値であったとしても、一切の価値教育を持ち込むべきではないのではないかという点が論点である。

　もっとも、あらゆる教科教育から一切の価値を排除して教育を行うことは事実上不可能であるというだけなく、学校教育の使命の 1 つとして、親や社会的属性から子どもを一定程度解放することが挙げられる点も重要である。つまり、学校において子どものあらゆる思想・良心の自由の保障を徹底しようとして信条に関する問題への関与を避けることは、結果として、親の信条やその批判能力、ひいては社会的階層の子どもへの連鎖を生みだすことになり、そうした連鎖を一定程度食い止め、広く、信条や文化的に多様な視座を獲得する機会を保障することこそが学校教育の 1 つの使命だと考えられるからである。

　日本では、親の子どもに対する教育の権利が民法（第820条）で規定されている。その一方で、日本国憲法（第26条）は義務教育としての公教育制度を規定し、この意味で、親の子どもに対する教育の権利を一部制限しているものと見ることができる。こうした近代以降の公教育制度の目的の 1 つは、学校教育が親の社会的な属性から子どもを解放し、子どもが、広く信条や文化などに関して多様な視座を獲得する機会を保障する点にある。学校教育があらゆる価値に中立的であるために一切の価値に関与しないという姿勢は、結果として、子どもの信条形成にあたって、それを親の教育の範疇に押し返しているに過ぎない。

「寛容」の原理

　学校教育の使命を、将来の主権者となる倫理的な判断能力を持った自律した個人の育成だと考えるとき、そこでは、改めて子どもの「思想・良心の自由」との関係が問題となる。子どもの信条形成に関わる学校教育がどのように特定の価値を扱いうるか、言い換えれば、学校が教育内容として一定の価値を扱いうることを前提として、子どもの「思想・良心の自由」との衝突が問題となる。

　この点に関して、憲法学者の西原博史は「寛容」の保障という考え方を提示した（西原博史『良心の自由と子どもたち』（岩波新書，2006年）148-153頁）。つまり、学校教育の内容に一定の価値が伴う場合でも、それに対峙する考え方を併せて提

示し、人々のあいだに見解の対立があることを意識させるなど、子どもに多様な視点や批判能力を身につけさせることこそが重要であるとする。これは、かつて、アメリカで親や子どもの宗教的な信条とは異なる教科書使用の是非が争われたモザート判決におけるケネディ判事の補足意見として述べられた「能動的市民」としての批判能力の必要性として言及された内容でもある（Mozert v. Hawkins County Board of Education, 827 F. 2 d 1058 (1987)）。

　道徳教育に関しても、学校教育における価値の取り扱いの問題と同様に、この「寛容」の原理にもとづいて理解することが重要だろう。つまり、国民に「思想・良心の自由」が保障されている以上、学校教育には必然的に一定の中立性が求められ、そこでは「正しい」思想や良心が教え込まれることがあってはならない。同様に、「正しい」道徳が強制されることも許されないと解すべきである。

　しかし、学校教育は、子どもが将来の主権者として必要な知識や判断力を身につける場所でもあり、その際に提示されるべき価値（例えば憲法的価値）が存在することは必然である。子どもの「思想・良心の自由」を保障する上で重要なのは、先に述べた「寛容」の原理にもとづいて、「正しい」思想や道徳を教え込むことではなく、対立する視点を提示し、様々な意見の対立がありうることを意識させることを通じて、子どもが自らの倫理性や判断力を獲得して行く過程を保障することだろう。

　つまり、それは、道徳教育の方法に関する問題であり、多様な視点や批判能力の形成、他者の尊重といった「寛容」の原理をもってそれに臨むことが求められているものといえる。

ま　と　め

　道徳教育を通じて規範意識の形成を促すことを、倫理的な判断能力を持った自律した個人を育成するための学校教育の使命の１つとして捉える場合でも、そこでは、子どもに正しい「道徳」を強制することがあってはならない。

　この際に重要なことは、道徳教育を通じて子どもの規範意識を形成する過程においては、多様な視点を提示し、様々な意見の対立を意識した討論の提起を行うといった方法論の確立である。

　子どもが自らの生き方を考えさせられる議論を提起し、将来の主権者となるために求められる倫理的な判断能力について考える機会を提供することこそが道徳教育に求められる姿勢といえる。

コラム2

▶子ども哲学と道徳教育

　子ども哲学という取り組みが、広がりをみせている。幼稚園、保育園、小学校、中学校、高校、大学、地域も校種も問わず、科目も問わず、実は学校の中であることも、必然的ではない。コーヒーを飲みながら、町中の喫茶店で、市民が語り合う哲学カフェの人気に後押しされて、哲学の活動は様々な場所に飛び火している。商店街で地道に対話を重ねる人々や、お母さんたちが地域の子どもたちを集めて対話するイベントも、そう珍しいことではなくなってきた。そして、道徳教育との関わりである。子ども哲学が、ついに、話し合いのやりかたとして道徳の教科書（東京書籍、中学校1年生、平成30年度版）にも登場した。そのことをきっかけにして、道徳と哲学について、少しだけ考えてみたい。

　子ども哲学のやりかた

　方法は、すごくシンプルだ。その場の全員で考えたい問いがあって、その問いに対して、全員で答えようと探求が始まれば、子ども哲学が成立する。一般的な方法は次の通り。

- 考えたい問いを参加者から募って、多数決でひとつを決める。
- 参加者で輪になって座る。
- コミュニティボールと呼ばれる毛糸玉を使って対話する（ボールを持っている人が話すというルール）。
- 最後に、対話を全員で評価して終わる。

　子どもたちが問いかけることはとても大切だ。「自分が日頃、疑問に思っていて、みんなで考えたいことを黒板に書いてみましょう」。この一声で、子どもたちは黒板に自分の問いを書き始める（図1）。「好きな人は、顔か性格、どっちで選ぶか？」「チェーンメールには賛成？反対？」「バナナはおやつに入るのか？」など、中学校1年生で、初めて問いを考えた人たちなので、かなり雑

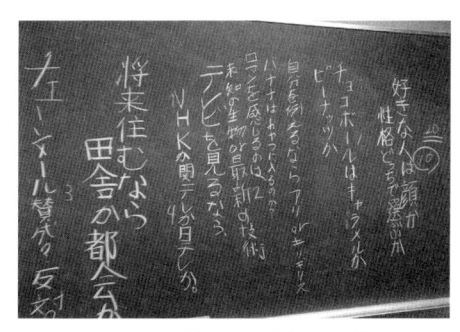

図1　子どもたちが考えた問い

多な問いたちだ。

　子ども哲学は「子どもたちは考えていない」からスタートしない。とりたてて心配しなくても、子どもたちは自分なりに、自分の問題を考えている。私たちがすべきなのは、その「子どもたちは考えている」から始めて、1人で考えていたことを、ともに考える光の中へと、明るみに出すことなのだ。

答えを知っている人、知らない人

　子ども哲学は、自由で、平等な対話を、教室の中で実現することを目指している。

　日頃は、子どもたちの前に立つ先生は、子どもたちの知らない知識を知っている者として授業する。机をコの字型にして、対話的な環境を作ってみても、やっぱり先生は前にいて、知っている人になっている。そこから、もう一歩進めて、椅子に座って子どもたちと輪になって座る。すると、先生も、子どもたちと同じ立場の者、つまり、完全に知っているわけではなく、目の前で出される問いの答えを知らない者として探求に参加できる。「好きな人は顔か、性格、どちらで選ぶか」という問いに完全な考えを述べることのできる人は、おそらくいないだろう。もし、あなたが探求者として子どもの中に入れば、子どもたちの表情、身体の動きが見えやすい円形の座席は、子どもたちが問いの答えを探そうと躍起になって考える姿をそのまま見ることができるはずだ（図2）。

　そして、子どもたちと一緒に作った、毛糸玉、コミュニティボール。詳細な作り方はp4c Japanのウェブサイト（http://p4c-japan.com）に掲載しているが、「最近はまっていることは？」といった答えやすい問いに答えながら、手頃なサイズの棒に毛糸をみんなで巻いていく。ボールは、考えるコミュニティの象徴として作用し、愛着のあるボールで、できれば1年間、対話の授業を行うわけだ。「ボールを持っている人が話して、話し終えたら、次の人に渡してください」と、説明して使い始めるが、実はこのボールは話すための道具ではない。あくまで、思考に入り込むためのツールで、実は聴き手が、話し手の言葉を聴き取るための目印、思考へ招くためのツールな

図2　子ども哲学の様子（中学校1年生）

のだ。

　様々な工夫をしながら、考えるコミュニティが姿を現すまで待ち続ける。

好きな人は、顔か性格、どっちで選ぶか？

　さきほどの授業の話に戻ろう。子どもたちから出された、問いの多数決をとってみたところ「好きな人は、顔か性格、どっちで選ぶか？」に票が集まり、この問いで話し合うことに決まった。概ね、以下のような意見が話された。

- 性格と顔、6対4くらいで決めている。
- 第一印象は顔で決まるから、やっぱり顔。
- 顔がいくら良くても、性格が悪かったら、付き合っても意地悪をされる。
- あばたもえくぼ、とお母さんが言っていた。性格が良かったら、顔もよく見えるようになる。
- いやいや、顔が良かったら自信がついて、性格も良くなる……。

ある子が、発言したところから、少し対話の様子が変化する。

- ほとんど、性格は変わらないけど、顔は変わるよ。だから、性格で選んだほうがいい。
- えっと、でも、性格も変わると思います。

この後「顔と性格で選ぶ」という論点から「そもそも顔、性格は変化しないのか」という論点へと移り変わっていった。

　この日の授業の感想にはこんなことが書かれていた。「みんなの意見を聞くことで楽しかったし、自分の意見を深くできたり、自分の意見や相手の意見の根本を見つめることができた」。

　ちなみに、この授業で私がしていたことのすべては、子どもたちの話をよく聴いて、楽しみ、求められたら自分の意見を話していただけだった。

多くの先生たちにとって理解しにくいところ

　子ども哲学を様々な学校、様々な先生たちに紹介していく中で、なかなか学校の先生たちには理解しにくいところがあることに気づいた。その中核は、やはり道徳の授業とは、すでに知られている決まり（あいさつはしないといけない）や、道徳的な考え（困っている人は助けるべきだ）を教える場であるということにある。「さきほどの、顔と性格の対話も、ただおしゃべりをしているだけで、道徳の授

業ではない」と。そう言われると、そうかもしれないのだが、もし内容を道徳にしないといけないなら、単に道徳の教科書や、読み物教材から問いを立てればいいだけの話になる。すると、「お年寄りに席を譲るべきなのか？」とか「友情ってなに？」といった、道徳の価値項目に関連する問いになる。1つの答え方は、そういった問いに対して、平等に対話できることは立派な道徳の授業だということになる。

　しかし、本当にそうなんだろうか。私たちが、学校に道徳が必要だと考え、子どもたちに、道徳について考えてもらう必要があると、強い確信をもつ理由は、やはり、いじめの問題や、周りの人たちへの共感を欠いた振る舞いをすることで、マナーが悪いと評価を受けてしまう子どもたちがいるからではないのか。子どもたちを育てるという観点に立ったとき、道徳を教えるより前の次元で、子どもたちと、そして子どもたち同士が、平等な関係で探求することができ、そして、周りの人たちへの共感、特に自分とは異なった人たちへの共感を育むことが、つまり、道徳的、倫理的な関係を創り上げることが、もっとも大切なことなのではないか。

ひまわりの花が開くまで

　子ども哲学は、明確に、そのような関係を構築することを目的にしている。

　さて、もう1つの、よく尋ねられる質問について考えておこう。「自由な関係、平等な立場で探求を行うことは理解した、しかし、通常の授業内で行うのなら、評価はどうしているのか」。

　こういうスタートから始めてみたい。評価は、評価する者と評価される者のためにある。評価される者、子どもたちにとっては、自分のあり方を知ることで、さらに学びを深めるために行う。評価者にとっては、評価をすることで自分の実践を反省し、より良い教育につなげるために行う。私のおすすめは、まずは、毎回のワークシートの記述を確認することで、評価を行うことだ。ルーブリックを作成して、それぞれのワークシートを時間の限り、評価することが役に立つ。

　しかし、先生には時間がない。毎回の授業を評価することも、日常の様々な仕事がふりかかって、なかなか難しい。そこで、簡単にできることは、1年間の子ども哲学の学びを作品にしてもらうことだ。ポスターが一番、手軽に取り組むことができるだろう。子ども哲学を知らない人に、どんなものかを紹介するポスターを子どもたちに作ってもらう。作品に本人による解説をつけてもらうと、どんなことを学んだのかが、より分かりやすくなる。

世界には色々な心を持つ人がいます。完璧な人や少しとげがある人、心に穴があいてしまっている人など様々です。しかし、それらはただの外見にすぎません。勇気をもって人とコミュニケーションをとることで、外見とは全く違う素敵な花を咲かすことができます。そんな素敵な花が集まって初めて暗い心の人をはげますことのできる花畑になるのです。そんな様子を表しました（図3）。

図3　中学校 2 年生による作品

さて、私は特に道徳について教えたつもりはないのだが、なぜか非常に道徳的な作品になっている。道徳的かかわりをクラスの中でつくり続けたことで、「自分とは違う」と思っていた人たちの外見を越えて、内面の美しい声に共感することができた。そして、そこから生まれる花は、人々をはげますためのものになる。なぜ、道徳的なメッセージを子どもたちが伝えようとするのか。実にシンプルなことに、子どもたちは道徳とは何かを、実はすでに知っていて、探求によって、その真の姿が明らかになってくるからなのだ。

こういった作品によって多様な学びのプロセスを可視化し、評価することができる。評価者も、作品に影響されて、授業の実践が変容する。

そろそろ、私たちは、道徳を教える教育ではなく、道徳的な教育を目指すべき時にさしかかっているのではないだろうか。私自身は、学校と、世界に探求の花が満ちるようになればいいのにと、切に願っている。

第3章

道徳教育の歴史 ①

──戦前の日本──

はじめに

　本章では、戦前期（明治期〜昭和戦前期）を対象に、学校における道徳教育がどのように展開されてきたのかを検討していきたい。

　学校が発足する以前の江戸時代（近世）においては、一般に「士農工商」と呼ばれる身分制度を背景に、武士は藩校、庶民の一部は寺子屋や私塾といったように、身分によって受ける教育の内容や場所も異なっていた。それぞれの家族や地域・身分集団内のルールや道徳は、家訓ないしは掟として定められ、若者や子どもたちに伝達、習得されていった。

　1867年の大政奉還により江戸幕府が倒れ、その翌年に発足した明治新政府はヨーロッパやアメリカに匹敵する国づくりに向けて、「富国強兵」や「殖産興業」などのスローガンのもと、積極的にそれらの国々の文化や産業を取り入れることで、国家の近代化・産業化をめざした。そして、そのための人材を養成する場として「学校」が全国各地に誕生した。とくに小学校は、それまでの身分や地域を越えて、すべての子どもが同じ内容の基礎教育を受ける場であった。それは、学校を通じて、全国すべての子どもたちに共通した道徳が伝達されるようになったことを意味する。とりわけ戦前期の道徳（修身）は諸教科のなかでも最も重視された教科であり、その影響力は非常に広大かつ絶大であった。それはまた戦前期の日本人の生き方または「日本」という国家の命運を大きく左右したともいえる。

1　「修身」の成立

　日本の学校教育の歴史のなかで、道徳教育に関わる最初の記述は1872年に頒布された「学制」に見出すことができる。学制とは欧米諸国の学校教育制度や

教育内容を模範として立案・作成された省令を指す。この近代日本初の学校教育制度の理念や計画案をうたった中に、「修身」という名称で道徳教育の導入が言及されていた。修身は戦前期の学校教育における道徳教育（徳育）に相当する教科の名称である。

　学制における教育目的とは、その序文「学事奨励に関する被仰出書」（学制布告書）で明らかにされているとおり、すべての国民の就学を奨励する一方、四民平等や職業選択の自由を背景に、学問を通じて立身出世を目指す個人主義的・能力主義的な考え方も含んでいた。

　学制のもとでは、下等小学・上等小学の各4年ずつの計8年制の初等教育制度が構想され、下等小学の教育課程では綴字、習字、単語、会話、読本に続いて「修身」が定められた。しかし、この当時の「修身」は、アメリカなどの小学校で使われていた教科書をそのまま翻訳して用いたり、教師が口述で勧善（善行を勧める）をするにとどまり、ほとんど体系化されてはいなかった。しかも、明治初期の時点では、学校教育に対する保護者の理解がなかなか進まなかったこともあり、就学率（学校に通う子どもの割合）は政府の思惑通りには上がらなかった。

　低迷する就学問題や社会全体の急速な欧化主義を克服しようとして公布されたのが1879年に示された教学聖旨と翌80年の教育令（改正教育令）であった。明治天皇は当時の国民の教育や学問のあり方を憂慮し、儒学者の元田永孚に起草を依頼して、教学聖旨を下した。教学聖旨では、欧米思想の空理空論を戒めつつ、知育よりもむしろ、仁義忠孝による儒教主義の徳育が重視された。[1]

　また、1880年には、前年に公布された教育令（自由教育令）を改正し[2]（改正教育令）、国家による教育の統制・干渉を基本方針として、国民の就学が積極的に督励されるとともに、修身は諸教科の筆頭に置かれた。これは修身が最重要科目であったことを意味する。修身は教学聖旨に則り、儒教主義や忠君愛国（天皇への忠誠は国を愛することに通じる）に関する内容が中心であった。

2　教育二関スル勅語 （教育勅語）

　明治維新以来、国民道徳や徳育のあり方をめぐって、欧化主義・政策など社会の近代化を目指す開明派と、一連の欧化主義・政策を批判し、天皇中心の儒教主義の道徳の普及を狙う復古派（宮中派）との間で激しい対決や論争が続い

ていた（徳育論争）。

　この論争のさなか、時の総理大臣・山県有朋と文部大臣・芳川顕正のもとで、教育ニ関スル勅語（教育勅語）の起草が進められた。起草は、かつて教学聖旨を起草した復古派の元田永孚と井上毅が当たることになった。彼らは、教育勅語頒布の前年に制定された大日本帝国憲法の天皇主権に基づいて、天皇中心主義あるいは儒教主義による道徳を基礎とした教育のあり方を構想した。

　1890年10月30日、明治天皇は山県首相と芳川文相を宮中に召して教育勅語を下した。勅語とは天皇が国民に対して発した言葉を意味する。

　教育勅語は本文315字からなる短文で、その内容は大きく3部に区別される。

　まず「朕惟フニ我カ皇祖皇宗国ヲ肇ムルコト宏遠ニ……教育ノ淵源亦実ニ此ニ存ス」では、国家の教育の根源は皇祖皇宗の樹てた徳にあることを謳い、日本の教育の拠りどころを規定した重要な部分とされている。皇室の道徳的な統治と、それに対する臣民（国民）の終始変わらぬ忠誠の関係が日本の歴史を作ってきたと考える皇国史観とそれに立脚する国体こそ、日本の教育のよりどころであると述べている。

　つづく「爾臣民父母ニ孝ニ……爾祖先ノ遺風ヲ顕彰スルニ足ル」では、臣民の守るべき徳目が15項目列挙されている。例えば、父母に対しては「孝」（親孝行）、兄弟にあっては「友」（仲良く）など、家庭内の道徳の重要性を説くものから、国法に従うなど社会的・公民的な徳目も言及されている。そうした道徳の実践は「皇運ヲ扶翼」（天皇陛下の運勢が栄えるように助けること）につながり、それは「祖先ノ遺風ヲ顕彰スル」（祖先が残したすぐれた点を継承する）道徳であると述べている。

　最後の「此ノ道ハ……咸其徳ヲ一ニセンコトヲ庶幾フ」は結びの部分であり、教育勅語の教えは、天皇制国家の歴史的の遺訓であって、時代や場所を越えた真理であり、天皇中心の仁義忠孝の儒教主義的な国家観・道徳観は天皇も臣民（国民）もともに守らなければならない道徳であるという。

　学校教育では、天皇制国家主義の立場から忠孝一致（天皇に対する忠誠と親孝行は一致する）や忠君愛国などを重要な徳目として確立・鼓舞する方向が示され、とりわけ修身科では天皇中心の国家主義的な徳目が数多く教えられた。

　教師は、児童・生徒に対し教育勅語の暗記を要求し、暗唱ができない場合は体罰を加える場合もあった。教育勅語は学校教育と天皇制を緊密に結びつけるものであり、天皇中心主義の国家体制に積極的に随順する人間を作り上げてい

くことになった。言うまでもなく、天皇や皇室あるいは教育勅語に対する批判はタブーであり、これに危害を加えたり、批判的な言動があれば不敬罪が適用され、最も重罪の場合は死刑が科されることもあった。

　また、教育勅語は、日本国内（本土）のみならず、朝鮮・満州・台湾・フィリピンなどアジア各国・諸地域の植民地の学校でも、日本語教育と並んで重視され、強制的な「日本国民」への同化を促した。例えば、朝鮮では、本土の子どもたちと同様に、勅語拝読などの学校儀式が行われていたほか、毎朝登校すると、「私共ハ　大日本帝国ノ臣民デアリマス」「私共ハ　心ヲ合セテ天皇陛下ニ忠義ヲ尽シマス」「私共ハ　忍苦鍛錬シテ立派ナ強イ国民ニナリマス」の3箇条からなる『皇国臣民の誓詞』を斉唱させられたという。

　教育勅語はアジア・太平洋戦争敗戦後の1948年に排除・失効するまでの約60年間、戦前の日本の教育の根本理念であり続けた。現在でも戦前の学校教育を受けた世代の多くが――植民地支配を受けてきた地域の人を含めて――教育勅語の全文をよどみなく暗唱できるのはその影響力の大きさを物語っている。

３　大正期・昭和戦前期の修身

　明治末期から大正時代には、日本は相次ぐ戦争の勝利によって好景気に沸いた。この頃、吉野作造に代表される民本主義の思想が社会的に注目を集めるなど、一般に言われる「大正デモクラシー」のもと、教育界でも、子どもの意欲・関心・自由な活動や経験などを重視する児童中心主義の思想や実践による大正新教育（自由教育）運動が一大旋風を巻き起こした。新教育あるいは自由教育は主に私立学校や師範学校附属学校（現在の国立大学教育学部等の附属学校の前身）で実践・研究された。例えば私立の成城小学校（現在の成城学園初等学校）では、低学年時の修身を廃し、4年生以上で行われた修身科の授業（週1時限）では、教育勅語の奉読や忠孝道徳の注入ではなく、むしろ子ども1人1人がその意味を考え、解釈し、真理に到達する意味探求型の授業を実践・志向した[3]。これは当時の公立小学校が1年次生より週2時限の修身の授業をもうけていたことと対照的であった。

　しかし、日本は1930年代初頭（満州事変）から1945年の敗戦に至るまでの15年間、ひたすら軍国主義の道を突き進むなど、「戦時総力戦体制」と呼ばれる時代になっていった。すべての日本国民は皇国民（天皇のもとの国民）として国

家の統制や管理を受けることになった。そうした軍国主義や国家統制の予兆は、すでに1920年代からみられ、先の児童中心主義の新教育・自由教育は当局から目の敵とされ、その種の実践は弾圧や抑圧の対象になることもあった。その代表的なものに、1924年に長野県・松本女子師範学校附属小学校の訓導・川井清一郎が国定教科書を使わずに修身の授業を行ったとして、休職・退職に追い込まれた川井訓導事件を挙げることができる。

戦時体制下のもとでは、「挙国一致」（国を挙げて一致団結する）、「尽忠報国」（天皇への忠誠を尽くし、国家のために死ぬ）、「堅忍持久」（ひたすら耐えて長く持ちこたえる）が三大目標として掲げられ、国民精神を高揚させるという名目で日常生活が統制された。教育も国民精神の総動員という理念に沿って再編され、その人的資源を育成する目的に純化していった。

なかでも学校教育は、1941年4月より、全国の小学校が「国民学校」と名称を変え、国民学校初等科6年および同高等科2年などからなる計8年間を義務教育期間とした。国民学校は、近い将来に備えるために、国家主義の進展にふさわしい人材の育成を最優先に教育し、「少国民」と呼ばれた子どもたちを天皇制国家主義へと統合していった。

国民学校の目的は、国民学校令の第1条「国民学校ハ皇国ノ道ニ則リテ初等普通教育ヲ施シ国民ノ基礎的錬成ヲ為スヲ以テ目的トス」（傍点は筆者による）と規定された。「皇国ノ道」とは教育勅語に示された「皇運扶翼の道」であり、「錬成」とは子どもたちを正しい目標に集中させて、国民的性格の育成・鍛錬を意味した。当時の子どもたちは、年少の皇国民を意味する「少国民」と呼ばれるようになった。国民学校は、少国民の知識技能・情操・身体を皇運扶翼に向けて集中的に鍛え上げる錬成機関へと純化していった。

教科書の記述にも、軍国主義思想や天皇中心の国体思想がさらに多く採用されるようになった。修身では建国神話を教材として、日本は神の国であること、また国史（日本史）では天皇制の歴史的発展が神話を交えて教えられた。

教師もまた軍国主義・総力戦体制下の「国家の教師」として再編されることになった。教師は、少国民を錬成するにあって、少国民である子どもたちに不可能や無理難題を要求し、それができないとわかると、天皇の名のもとに、狂信的な精神主義と体罰による訓練や錬成を採用した。教師もまた「国体」や「聖戦」を盲信し、戦時体制の加害者であると同時に被害者でもあった。

おわりに

　近代以降の日本の教育は、国民すべてに等しく同じ内容の教育を提供することを目的として、全国各地に小学校を設立し、義務教育制度を確立していった。学校教育は、日本の近代化・産業化に貢献する一方で、天皇・皇室に対して敬意の念をもち、戦争などの有事があれば自ら進んで国のために参戦する「日本国民」の形成を目的としていた（これを「国民化」という）。

　子どもたちは、学校で教えられる修身や教育勅語の内容をほとんど疑わずに正しいものと信じ、その後長じて兵士となり、戦地に赴いていった。しかし、彼らの多くは「天皇陛下バンザイ」という最期の言葉を遺しつつ、尊い生命を落としていった。

　つまり、愛国心や天皇中心主義の考え方が国民道徳として教育勅語や学校行事などを通じて子どもたちに注入されるようになると、その絶対性は揺るぎないものとなり、批判的な思考・議論はタブーと化し、その結果として、日本という国全体が思考停止に陥ってしまったのではないだろうか。戦前期の徳育あるいは修身の影響力はきわめて重大であり、1945年の敗戦から約70年後を生きる、現代の私たちにも非常に重要な歴史的な教訓を示しているようにおもわれる。すなわち、私たちは、戦前の修身や教育勅語の影響力の大きさを批判的に省みつつ、国民の思想信条や国家の行方をも左右しかねない道徳教育のあり方について、その内容や方法を注意深く吟味検討しながら、教師として日々の教育実践に関わっていくことが大切である。

　|演習問題|
　1．江戸時代には、どのような家訓や掟があったのかを調べてみよう。
　2．教育勅語の原文の意味を調べ、その内容を明らかにしてみよう。
　3．戦前の修身はどのような内容・方法で行われていたのかを調べてみよう。

注
1）仁とは思いやりの気持ちをもつこと、義は道理・道徳を守ること、忠は権力者（天皇）への忠誠を尽くすこと、孝は親に対する孝行をそれぞれ指す。
2）（自由）教育令は1879年に学制に代わって公布され、就学期間の縮小（16カ月）や教育の地方自治など、学校制度の簡略化を推し進めた。しかし、就学率は下がる一方で、

翌80年に（改正）教育令が公布された。

3）例えば、それは小原國芳が成城小学校で行っていた修身の授業実践にあらわれている。小原の授業では、国定教科書ではなく、世界各国の例話などを用い、その内容を児童に思考・批判させることで、児童の「内心に触れる修身授業」を志向していたという（小原國芳『道徳教授革新論（小原國芳選集5）』玉川大学出版部、1980年、および岡部美香「生命探求の教育　小原國芳の修身科教授論」、伊藤徹編『作ることの日本近代』世界思想社、2010年）。

参 考 文 献

岩波新書編集部『子どもたちの8月15日』岩波書店（岩波新書）、2005年。

江島顕一『日本道徳教育の歴史——近代から現代まで——』ミネルヴァ書房、2016年。

小原國芳『道徳教授革新論（小原國芳選集5）』玉川大学出版部、1980年。

小針誠『教育と子どもの社会史』梓出版社、2007年。

小山静子『子どもたちの近代　学校教育と家庭教育』吉川弘文社、2002年。

山本正身『日本教育史』慶應義塾大学出版会、2014年。

第4章　道徳教育の歴史②

―――戦後の日本―――

はじめに

1945年8月の終戦の後、戦前の軍国主義的な教育は否定される。教科書は「不適当」とみなされたところは「削除」が指令され（いわゆる「墨塗り教科書」）、あるいは教科書の回収が行われた。1946年4月から「修身」科などは停止された。それでは、戦前の「修身」にかわる道徳教育はどのように構想され、どのように実施されたのであろうか。

1　戦後初期の動向

1945年12月の公民教育刷新委員会答申では、「『修身』ハ公民的知識ト結合シテハジメテ其ノ具体的内容ヲ得、…従ツテ修身ハ『公民』ト一本タルベキモノデアリ」と、修身にかわる新たな教科として「公民」科の設立を提言している。1946年4月6日の「第一次アメリカ使節団報告書」では、「日本の伝統はフランス人におふ処が多いので、特別の倫理科を父兄も生徒も期待してゐるやうである」と述べる一方で、倫理を単独の教科として置くべきかどうかは明言しなかった。「民主主義的な態度」など、民主主義という制度に即した倫理教育の必要性を述べてはいる。

1947年3月20日には「学習指導要領一般編（試案）」が公表され、小学校の教科課程と時間数が決められた。そのなかに、戦前の「修身」にあたる教科はおかれなかった。道徳教育に最も大きな役割を担うことになったのは、この時期に新たに設置された「社会」科であった。社会科教育のなかで「社会生活についての良識と性格とを養う」とされた。

1947年5月、6月には「学習指導要領社会科編（試案）」が公表され、社会科教育の目標として「生徒が人間としての自覚を深めて人格を発展させるように

導き、社会連帯性の意識を強めて、共同生活の進歩に貢献するとともに、礼儀
正しい社会人として行動するように導くこと」「生徒に各種の社会、すなわち
家庭・学校及び種々の団体について、その構成員の役割と相互の依存関係とを
理解させ、自己の地位と責任を自覚させること」など、社会性や道徳的な事項
にかかわる内容がまずおかれている。[3]

　同書では、「問題を解決するための学習活動」について述べているが、小学
校第3学年の問題の1つとしては、「ほかのなかまの者と仲よくするには私た
ちはどうすればよいか。」、第六学年の問題としては「仕事を通じて人々はどん
なふうに協力するか」「世界中の人々が仲よくするには私たちはどうすればよ
いか」など、道徳教育に関係が深い問題も挙げられている。

　その後、学習指導要領は1951年、および1955年（社会科のみ、なおこの時から「（試
案）」の文字は消える）に改訂される。しかし、道徳教育と最も関係が深い位置に
おかれていたのは社会科であることに変化はない。

　この時期の小学校社会科教科書には、末尾に以下のように「ねらい」を「地
理的」「歴史的」「道徳的」に分けて表を掲載しているものもある（表4-1）。

表4-1　小学校4年生用　社会科教科書「内容一覧表」より[4]

主題	目標	地理的なねらい	歴史的なねらい	道徳的なねらい
村を調べる	郷土の総合的調査 郷土の発達と変遷 他地域との関連	他地域との拡がり の関係 地図による位置の 確認	ものを人間が変え てきた姿 ものには歴史があ る 変わってきた理由	歴史的な認識に立 つ郷土への愛情 共同の目的にむか つての協力
村や町のれきし	村や町の歴史を通 して時代の正確を 知る 郷土との比較	自然条件と人間生 活との関係 特殊性と同一総合 的把握	ものが変るには法 則がある 古いものの中での 価値評価	生活をたかめてい くことの尊さ 基本的人権の拡大 祖先の働きに感謝
村や町の産業	郷土の産業を自然 的、社会的条件の 中で観察する 他地域との比較 大都市の構成	郷土の産業を総合 的に把握 特殊性と同一性を 具体的に把握 地方的関連で見る	産業の歴史的発展 の姿 発展の歴史と他地 域との比較 発展の程度の差異 を他地域と比較 （なぜか）	労働と基本的人権 産業の発展につく した働く人々への 感謝 前進への意欲

出典：筆者作成。

歴史・地理を学ぶと同時に郷土愛や協力、感謝といった道徳を学ぶことも意図されていた。そういった道徳は、今日の道徳教育の内容と共通している面がある。

　中学校社会科教科書においても、例えば「集団生活」の項目から家庭や学級から国にいたるまでの集団生活における秩序についての言及がある。[5]「新しい時代の私たち」という単元で、今後の社会に必要な道徳として、新しい時代に「ふさわしい私となろうではないか」「愛の心を育てなければならない」「勇気をもたなければならない」という章をたてているものもある。[6]

2　1958年学習指導要領改訂と「道徳の時間」の特設

　1951年の教育課程審議会「道徳教育振興に関する答申[7]」では、「道徳教育を主体とする教科あるいは科目を設けることは望ましくない」「道徳教育は学校全体の責任」「全教師は民主主義の正しい理解のもとに、協力一致して学校生活全体の民主化をはかり、学校生活を明るく美しくふんい気にして、あらゆる機会をとらえて、児童、生徒の道徳的生活の向上に資するよう努力しなければならない」と述べられ、「道徳の時間」は設置しないという方針をつづけることになった。

　その後、「道徳の時間」の設置の必要性をめぐっては激しい議論がなされた。[8]1957年9月から教育課程審議会においてはじまった審議では、「学校の教育活動全体を通じて道徳教育を行うということは、とかくその徹底を欠き勝ちでありますし、また社会科におきましても、道徳を主として人間関係の知的理解において指導することになり、……道徳教育の徹底を図るために、小・中学校とも道徳的指導のための時間を特設して、毎学年指導する必要があるのではないか」という「諮問事項説明」がなされた。[9]

　1958年3月15日の答申「小学校・中学校教育課程の改善について」は、諮問事項説明の線に沿った方針が示され、小学校・中学校では週1回の「道徳の時間」が設置されることとなった。同時に社会科は道徳との関連を密にすることも依然として言及している。同答申には別紙「道徳教育の特設時間について」が付せられおり、そのなかで「日常生活の問題の利用読み物の利用、教師の説話、社会的なできごとの利用」といった指導法をあげ、「道徳的心情の育成を図り、単なる徳目の暗記や注入に陥ることのないように留意する」とある。基

本的方針としては「人間尊重の普遍的原理とその国民的自覚」とされ、「教育基本法はかかる精神の必要欠くべからざる骨格を指定した法律である」とも述べている。

　同年3月18日に「小学校『道徳』実施要項」「中学校『道徳』実施要項」が通達としてだされ、さらに8月には急遽学習指導要領が作成され、9月には『指導書』（現在の『学習指導要領解説』にあたる）の発行とともに実施される。学習指導要領における道徳の「内容」に関しては、小学校では「日常生活の基本的行動様式」「道徳的心情、道徳的判断」「個性の尊重、創造的な生活態度」「国家・社会の成員としての道徳的態度と実践的意欲」の4つにまとめられ、36の項目が挙げられていた。中学校では「日常生活の基本的な行動様式をよく理解し、これを習慣づけるとともに、時と所に応じて適切な言語動作ができるようにしよう」「道徳的な判断力と心情を高め、それを対人関係の中に生かして、豊かな個性と創造的な生活態度を確立していこう」「民主的な社会および国家の成員として、必要な道徳性を発達させ、よりよい社会の建設に協力しよう」の3つにまとめられ、21項目が挙げられていた。

　このような経過を通して「道徳」の時間が特設されることになったが、急遽のことでもあり、様々な委員の意見の共通部分をまとめるかたちで、出来上がっていったものといわざるをえない。なお、こうして出来上がった「道徳」は「教科」の1つではない。ゆえに、教科書は作成されず（副読本が作成されることはある）、成績評価は他の教科と同様に行われることはなく、中学校の場合「道徳」の教員免許状はないゆえに、担任が担当することが原則となった。

３　その後の学習指導要領改訂

　学習指導要領はその後およそ10年おきに文部（科学）省による審議会への諮問、および答申、新たな学習指導要領の告示というサイクルを繰り返すこととなる。その動向をまとめると**表4-2**の通りになる。

　1977年から1998年までの3回の答申では、改善の基本方針の筆頭に道徳教育関係のことが挙げつづけられた。

　道徳の「内容」に関しては、1958年版学習指導要領から1977年版までの間に大きな変化はない。1986年に開催された教育課程審議会総会では、道徳の「項目が多すぎる」「自分を大切とともに他人を大切にする気持ちを持たせること

表4-2　学習指導要領改訂の動向（1968年版以降）

教育課程審議会などの答申が出された年	学習指導指導要領告示の年	審議会で示された「改善の基本方針」/「基準の改善のねらい」などのうち、道徳教育に深い関連をもつ事項	主な学習指導要領改訂の動向
1967（小）/68（中）	1968（小）/1969（中）	正しい判断力や創造性、豊かな情操や強い意志の素地を養う（小）　人間として相互に尊重し合う態度や規律を守り責任をおもんずる態度の涵養（中）	現代化　水準をあげる
1976	1977	人間性豊かな児童生徒を育てることゆとりのあるしかも充実した学校生活が送れるようにすること	ゆとり・充実
1987	1989	豊かな心をもち、たくましく生きる人間の育成を図ること	新学力観
1998	1998	豊かな人間性や社会性、国際社会に生きる日本人としての自覚を育成すること	ゆとり・生きる力
2008（中央教育審議会）	2008	改正教育基本法等を踏まえた学習指導要領改訂／豊かな心や健やかな体のための指導の充実	生きる力・活用型学力
2014（中央教育審議会）	2015	「道徳」のみ学習指導要領を改訂し、「特別の教科　道徳」の設置へ	（2017年に学習指導要領告示）主体的・対話的で深い学び

出典：筆者作成。

が重要である」という旨の発言がみられた。それをうけてか1989年版からは道徳の項目は「主として自分自身に関すること」「主として他の人とのかかわりに関すること」「主として自然や崇高なものとのかかわりに関すること」「主として集団や社会とのかかわりに関すること」の4分野にまとめられることとなり、この分類は基本的には現在にまで至っている。

　1998年版は「ゆとり」のなかで「生きる力」をはぐくむことがいわれているが、この頃から「心の教育」が中央教育審議会などで頻繁にいわれるようになる。2002年には小学校・中学校で『心のノート』が配布されることになる。

　2008年版においては、2006年の教育基本法改正への対応がいわれた。この改訂では、「道徳の時間を要として学校の教育活動を通じて行う道徳教育」という、学校における道徳教育の位置づけが新たに明記されるようになった。さらに、各学校に「道徳教育推進教師」をおくことが明記されている。その後、

2014年には道徳教育教材として『私たちの道徳』が文部科学省により作成され配布された。

　2015年に新たな学習指導要領が告示されて「特別の教科　道徳」となり、検定教科書が使用されることとなった。学習評価の対象（ただし数値にはよらない）という大きな改革がおこなわれることとなった。ただし、中学校に道徳科の教員免許状はおかないままである。小学校では2018年度、中学校では2019年度より教科書が使用される道徳の時間の教育が行われることとなる。

おわりに

　教育基本法第2条第1号は、教育の目標」として「幅広い知識と教養を身に付け」「豊かな情操と道徳心」「健やかな身体」を養うことをあげ、いわば「知育・徳育・体育」の三領域すべてを射程にいれている。

　見てきたように、道徳教育、徳育の重要性は指摘されつづけている。その背後に社会の変化とともに子どもの「道徳性」「規範意識の低下」が指摘されていることがある。1970年の時点ですでに文部省は「家庭」の変化（都市化、核家族化など）、「社会」の変化（地域社会の規制力の低下、マス・メディアの発達など）、「学校の」変化（きびしい知的訓練への期待など）を理由として、道徳性の発達保障の困難さを指摘している。[13]

　その後をみると例えば、「今日、青少年にみられる規範意識の低下などにかんがみ」（臨時教育審議会、第1次答申、1985年）、「近年、子供の規範意識は低下し」（教育再生会議第一次報告、2007年）、「親や教師以外の地域の大人や異年齢の子どもたちとの交流の場や自然体験等の体験活動の減少などを背景として、生命尊重の心や自尊感情が乏しいこと、基本的な生活習慣の確立が不十分、規範意識の低下、人間関係を築く力や集団活動を通した社会性の育成が不十分などといった指摘がなされている」（中央教育審議会、2008年）、「ここ数十年の間に、こうした伝統や文化を継承すべき大人のモラルの低下が進み、良き伝統や文化が急速に失われ、社会全般での『徳』が見失われてきているである」（子どもの徳育に関する懇談会、2009年）など。同様の指摘は枚挙にいとまがない。

　子どもの「学力低下」[14]「体力低下」[15]が問題とされるようになって久しいが、「道徳性」や「規範意識」が低下していることを数値化して実証することは、学力や体力に比べてそもそも極めて困難であるといわざるをえない。さらに、何を

もって「低下」というのか、また「低下」というからにはいつといつを比較したうえでの「低下」かが必ずしも明確にしたうえでの議論がなされていない、という問題にも気をつけなければならない。

　日本においては、明治時代には森有礼が「学校ノ目的ハ良キ人物ヲ作ルヲ以テ第一トシ、学力ヲ養フヲ以テ第二トスヘシ[16]」と述べたとされるが、「知育より徳育」という言説は常にといってよいほど存在している。しかし、そもそも知育・徳育は二律背反的なものとは限らない。知力の向上が批判的思考能力や理性的判断力といった徳育につながることもある。「生活習慣を大切にする」という徳育が学力の向上につながるという面もある。そもそも、「道徳の時間」の時間の特設時に理論的支柱となった天野貞祐は戦前から「知識の修得は道徳的信念を培い育成する。……知育偏重を廃して徳育尊重を主張すというがごときは知育をも徳育をも理解せざる妄説といわざるをえない[17]」とのべ、その後も知育と徳育の一致を主張している。今後とも、知育、徳育、体育のすべてが重要視されることを期待したい。

　なお、2016年の中央教育審議会答申では「今後グローバル化が進展する中で、様々な文化や価値観を背景とする人々と相互に尊重し合いながら生きることや、科学技術の発展や社会・経済の変化の中で、人間の幸福と社会の発展の調和的な実現を図ることが一層重要な課題となる」と述べ、「なお、道徳教育をめぐっては、児童生徒に特定の価値観を押し付けようとするものではないかなどの批判が一部にある。しかしながら、道徳教育の本来の使命に鑑みれば、特定の価値観を押し付けたり、主体性をもたず言われるままに行動するよう指導したりすることは、道徳教育が目指す方向の対極にあるものと言わなければならない。むしろ、多様な価値観の、時に対立がある場合を含めて、誠実にそれらの価値に向き合い、道徳としての問題を考え続ける姿勢こそ道徳教育で養うべき基本的資質であると考えられる」とある。

　今後ますますグローバル化がすすむことが予想されるなか、価値観の多様性との両立の問題も今後留意されることが期待される。

演習問題

1．学習指導要領データベース（http://www.nier.go.jp/guideline/, 2018年1月22日最終確認）により、過去の学習指導要領について調べてみよう。
2．道徳教育の重要性が強調されて続けていることの意味を考えてみよう。また、社会の

歴史的変化と子どもの「規範意識」の変化の関連について、考えてみよう。

3．各教科教育と道徳教育の関連について考えてみよう。

注

1）以下、戦後初期の資料は『社会科教育資料1』東京法令出版、1974年、などによる。

2）なお、フランスでは1882年法以来、「道徳・市民」が教育内容の筆頭に挙げられていた（それ以前は「道徳・宗教」であり事実上カトリックの宗教教育がおこなわれていた）。日本においてはそれより以前に、1872年の「学制」にて「修身」が教科の1つとなり、さらに1880年の「（改正）教育令」第3条により、「修身」が筆頭教科となっていた。

3）なお、門脇厚司『社会力を育てる』岩波書店、2010年、154頁以下を参照。

4）周郷博ほか『あかるい社会　4年の下』中教出版、1955年、134-135頁．に基づき、大津が作成。

5）文部省『社会科15　社会の政治』東京書籍、1949年。

6）『新しい社会⑥』東京書籍、1955年。

7）以下の引用箇所は、文部省初等中等教育局初等教育課『教育課程審議会要覧』1968年、各『小学校学習指導要領』『中学校学習指導要領』などによる。

8）例えば、船山謙次「道徳教育論争」（同『戦後日本教育論争史』東洋館出版社、1958年、268-308頁）、同「『特設道徳』論争」（同『続・戦後日本教育論争史』東洋館出版社、1965年、225-313頁）、押谷由夫「戦後の道徳教育の動向を探ってみよう（1）」（押谷由夫編『道徳性形成・徳育論』放送大学教育振興会、142-160頁）。

9）同審議会の審議録などは、貝塚茂樹監修『戦後道徳教育文献資料集　第Ⅱ期17』日本図書センター、2004年、による。

10）前掲書、参照。

11）その過程については、押谷由夫、前掲論文を参照した。

12）以下答申の引用は文部省初等中等教育局小学校課『教育課程審議会答申一覧』1999年などによる。

13）参照、文部省『中学校指導書　道徳編』1970年、18-24頁。

14）学力低下のデータを示すものとして例えば、志水宏吉『学力を育てる』岩波書店、2005年、57頁。志水は近著で、大阪での学力調査のデータを根拠に、「子どもたちの学力は、1989年から2001年にかけてかなり低下した」「2001年から2013年にかけて学力は『弱いV字回復』を果たした」と述べている（志水宏吉ほか編『マインド・ザ・ギャップ』大阪大学出版会、2016年、20頁）。

15）例えば、12歳男子の持久走（1500M）の平均タイムは1985年に366秒であったのが、2017年には412秒と数値の低下がみられる。

16）「第一地方部府県尋常師範学校長会議に対する演説」（大久保利謙編『森有礼全集』、

　第1巻、宣文堂書店、1972年、524頁）
17）天野貞祐「道徳の感覚」（『天野貞祐全集　第一巻』粟田出版会、1971年、167頁。

参 考 文 献
貝塚茂樹『戦後教育は変われるのか』学術出版会、2008年。
松下良平『道徳教育はホントに道徳的か？』日本図書センター、2011年。

第5章　道徳教育と教育課程

はじめに

　小学校と中学校の「特設道徳」（道徳の時間）は小学校では2018年度、中学校では2019年度から「特別の教科　道徳」（道徳科）となった。他の教科と同じように道徳の授業でも検定教科書と評価が導入され、年間35（小学校1年生は34）の授業時数の確保と年間指導計画の遵守も求められている。だが、なぜ道徳科は「特別の」教科と呼ばれるのだろうか。教育課程＝カリキュラムの編成という観点からは、他教科とは異なる次のような特徴を挙げることができる。

　　　・私立学校では「宗教科」の時間に代えることができる
　　　・小学校と中学校の両方で教科の教員ではなく学級担任が主に担当する
　　　・個人の成長を認め励ます記述式評価であり調査書（内申書）に記載しない

　柔軟ともいえるこうした特徴の理由としては、子どもの人格形成への直接的な関与、そして学級・学校・地域などの課題に対応する必要性という道徳教育の特性が挙げられよう。しかしこの柔軟さが道徳教育の軽視にならないように、道徳教育の体制の整備と計画性もまた求められている。本章では幼稚園・保育所から高等学校までの道徳教育のカリキュラムを概観するが、学校全体で道徳教育に取り組むための体制と計画性に主に注目していきたい。

1　道徳教育のカリキュラムを支える法令

　カリキュラムを支える主な法律としては教育基本法のほか、文部科学省の管轄する学校では学校教育法、厚生労働省の管轄する保育所では児童福祉法などがある。そして法律を補う主な省令として、幼稚園には幼稚園教育要領、小学校・中学校・高等学校・特別支援学校には学習指導要領、保育所には保育所保

表 5 − 1　学校・保育所の管轄省庁と主な法令

	管轄省庁	法　律	省　令
幼稚園	文部科学省	学校教育法など	幼稚園教育要領
小学校			小学校学習指導要領
中学校			中学校学習指導要領
高等学校			高等学校学習指導要領
特別支援学校			特別支援学校学習指導要領
保育所	厚生労働省	児童福祉法など	保育所保育指針

出典：筆者作成。

育指針があり（表 5 − 1）、いずれも法律に準じた拘束力が認められている。教育基本法の第 1 条で「人格の完成」が教育目的の筆頭に掲げられているように、子どもの教育には知育や体育だけでなく徳育も期待される。しかしそのカリキュラムは学校段階によって異なっている。

2.　幼稚園と保育所における道徳教育のカリキュラム

乳幼児にとって幼稚園と保育所は生活の場であり、子どもは生活の中での様々な経験を通して学びをつむ。そのため幼稚園教育要領と保育所保育指針では、教科ではなく「領域」という子どもの発達への視点を採用しており、幼稚園と保育所では 5 領域「健康・人間関係・環境・言葉・表現」をふまえたカリキュラム編成が行われている。この中で最も道徳教育に関わるのは「人間関係」であり、幼稚園教育要領と保育所保育指針の両方で「他の人々と親しみ、支え合って生活するために、自立心を育て、人と関わる力を養う」とされている。しかし他の領域も道徳教育とは無関係ではなく、例えば領域「健康」では基本的生活習慣、領域「環境」では動植物をいたわることや植物を大切にすることが挙げられている。

子どもは 1 つの集団遊びからルールの意義、我慢することの大切さ、協力することの喜び、そして運動能力の向上などを同時に学ぶ。道徳的なねらいを強いる保育ではなく、1 つの生活経験を複数の領域に関わるものとして発展させ、道徳性の芽生えを培うことが重視されるのである。

3　小学校・中学校・高等学校・特別支援学校における道徳教育の全体計画

　小学校以上の学校における道徳教育も、道徳科の授業だけで完結することはない。国語の教材や部活動の人間関係によって培われる道徳性もある。また児童生徒の姿や保護者の願い、地域社会のニーズなどを考慮する必要もある。こうした実態や課題に向き合いながら、全教員が協力し学校全体で道徳教育を計画的に展開できるように、学習指導要領では「全体計画」の作成が各学校に求められている（図5-1）。全体計画は小学校と中学校だけでなく、高等学校や特別支援学校でも作成される必要があり、道徳科のない高等学校では公民科（特に公共と倫理の科目）と特別活動が中核と位置づけられている。

　また学習指導要領解説では、全体計画を補う「別葉」の作成も提案されている。これは各教科などで、いつ、どのような道徳的な内容が扱われ、どのように他の教科などと関連しているかが一覧できる表である。

　全体計画に従ってすべての教員が道徳教育に取り組むことで、生徒の側でも教科の枠を超えて道徳の学びが結びつき深まっていくことが期待されている。

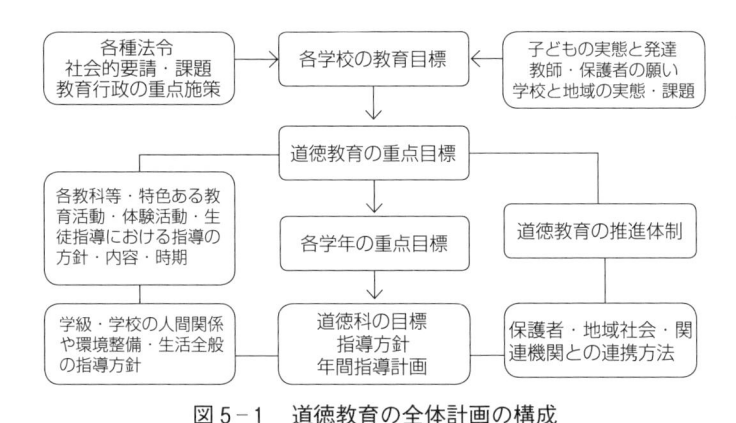

図5-1　道徳教育の全体計画の構成

出典：小学校学習指導要領解説総則編および中学校学習指導要領解説総則編より筆者作成。

4　道徳教育推進教師

　各学校において道徳教育の中心的な役割を果たすのが「道徳教育推進教師」である。小学校・中学校・高等学校・特別支援学校の各校に 1 人ずつ置かれ、学習指導要領解説では次のような役割が期待されている（表 5-2）。

表 5-2　道徳教育推進教師の役割

・道徳教育の指導計画の作成に関すること
・全教育活動における道徳教育の推進，充実に関すること
・道徳科の充実と指導体制に関すること
・道徳用教材の整備・充実・活用に関すること
・道徳教育の情報提供や情報交換に関すること
・道徳科の授業公開など家庭や地域社会との連携に関すること
・道徳教育の研修の充実に関すること
・道徳教育における評価に関すること　　　　　　　など

出典：小学校学習指導要領解説総則編および中学校学習指導要領解説総則編。

　道徳教育推進教師の具体的な職務としては、全体計画の立案、公開授業・研究授業・校内研修などの計画と運営、道徳性の評価方針の検討、教科書にとどまらない学校独自の教材や活動の検討などが考えられる。学校全体で道徳教育に取り組むための中核的な役割が道徳教育推進教師には期待されている。

5　小学校と中学校における道徳科のカリキュラム

　小学校と中学校の道徳科は、学校全体で取り組む道徳教育の「要」（学習指導_{かなめ}要領）として位置づけられている。そのカリキュラムを確認してみよう。
　道徳科の授業は他の教科と同様に、学年ごとの年間指導計画に従って行われる。ただし、その記載内容として学習指導要領解説では「学年の基本方針」「指導時期」「主題名」「ねらい」「教材」「主題構成の理由」「学習指導過程と指導の方法」「他の教育活動等における道徳教育との関連」などが挙げられており、他の教科とはやや異なっている。道徳科の授業は、教科書の教材を順番通りに毎時間こなすのではなく、児童生徒の姿や地域社会のニーズなどをふまえなが

表5-3　道徳の「四つの視点」と「内容項目」の数

	小学校 1・2年	小学校 3・4年	小学校 5・6年	中学校
1．主として自分自身に関すること	5	5	6	5
2．主として人との関わりに関すること	4	5	5	4
3．主として集団や社会との関わりに関すること	7	7	7	9
4．主として生命や自然、崇高なものとの関わりに関すること	3	3	4	4
合計	19	20	22	22

出典：小学校学習指導要領解説特別の教科道徳編および中学校学習指導要領解説特別の教科道徳編より筆者作成。

ら、全体計画に従って道徳科の授業を行う必要がある。また特定の教材に数時間をかけて取り組んだり、教育委員会や有志の教員によって開発・研究・継承されてきた教材を活用することも道徳科では認められている。このような道徳科の特徴をふまえて計画的なカリキュラムを実行できるように、主題構成の理由や他教科との関連も考慮した年間指導計画が作成されるのである。

　道徳科で扱われる教育の内容は、「道徳の内容項目」として学習指導要領に定められている。それは学年段階ごとに19～22項目挙げられ、「四つの視点」から体系的に整理されている（表5-3）。1学年の間にすべての項目を扱う必要があり、年間指導計画ではすべての内容項目が網羅されなければならないが、どの項目を重点化して年間35（小1は年間34）回の計画を立てるかは各学校に委ねられており、ここで児童生徒の実態や成長の姿、学級や学校の課題、地域のニーズなどを考慮した道徳科の授業の充実を図ることが可能である。

　道徳科の授業の担当者は、小学校と中学校のどちらでも学級担任が原則となっている。児童生徒の実態などを最もよく把握し、学級経営などと関わらせて授業を行い、評価も行う者として適任だという理由からである。他方で「ローテーション授業」の取り組みも広がっている。一年間で扱う教材を学年団（同一学年の担任・副担任のグループ）などで分担し、1人の教員が複数クラスで同一教材の授業を行う形式である。教員の教材理解や授業技術が向上し、また生徒の道徳的な学びに多くの教員が関わることができる点で評価されている。

おわりに

　道徳教科化をめぐる政府へのパブリックコメントは約6000件を数え、その中でも「国による価値観の押し付け」を批判する声は特に大きかった。小学校の教科化 1 年目である2018年現在、「教科書に縛られる」「評価が難しい」という現場の声も聞く。他方で、教科化の方針を示した中央教育審議会答申「道徳に係る教育課程の改善等について」(2014年10月) は、「特定の価値観を押し付けたり、主体性をもたず言われるままに行動するよう指導したりすることは、道徳教育が目指す方向の対極にあるものと言わなければならない」、「多様な価値観の、時に対立がある場合を含めて、誠実にそれらの価値に向き合い、道徳としての問題を考え続ける姿勢こそ道徳教育で養うべき基本的資質である」と明言し、問題解決学習や体験学習など多様な授業形態を推奨している。

　この趣旨をふまえ、「自己の生き方を考え、主体的な判断の下に行動し、自立した人間として他者と共によりよく生きるための基盤となる道徳性を養う」(学習指導要領) という道徳教育の目標を果たすには、多様な個性を持つ子どもの存在を尊重し、様々な教員が多角的に道徳教育に関わることで、「価値観の押し付け」を避けることが必要になるだろう。例えば「相互理解・寛容」を扱う教材を、生徒同士の議論を引き出すのが得意な教員が担当し、議論の活動そのものを通して「相互理解・寛容」を体験させるのもよいだろう。寡黙な年配の教員が、その人生の厚みに裏付けられた言葉で感動的な教材の魅力を伝えることもできるだろう。そうした授業がきっかけとなり、例えば学級担任と相性のよくない児童生徒が他の教員と心のつながりを持ち、その生徒の道徳性の育ちが新たに生まれるかもしれない。

　「道徳とは何か」「道徳は教えられるのか」「適切な道徳教育とは何か」という根本的な問いに対して、学習指導要領は決定的な回答を与えるものではない。道徳の内容項目の中には、突き詰めて論じれば相互の内容が矛盾するものもある。学習指導要領が現在の日本の学校教育に求められるものを挙げているにすぎない以上、未知の未来に向かう子どもの道徳教育の拠り所は、多様な教員による多様な実践と関わり、そしてその根底にある子どもへの誠実さにしかないように思われる。そうした多様性と教員の誠実さを支える指針として、道徳教育のカリキュラムが編成され運用されることを願っている。

| 演習問題 |

1．道徳の教科化のメリットとデメリットを考えてみよう。

2．オリジナルの道徳教材を探し、どの内容項目に当てはまるか考えてみよう。

3．道徳の内容項目を批判的に分析してみよう。

参 考 文 献

小笠原道雄・田代尚弘・堺正之編『道徳教育の可能性——徳は教えられるか——』福村出
　　版、2012年。

小島宏編『各教科・領域等における道徳教育の進め方の実際』教育出版、2010年。

横山利弘監修、牧崎幸夫・広岡義之・杉中康平著『楽しく豊かな道徳科の授業をつくる』
　　ミネルヴァ書房、2017年。

第6章 道徳教育の授業の指導法

はじめに

「学校における道徳教育は、特別の教科である道徳（以下、「道徳科」という）を要として学校の教育活動全体を通じて行われるものである[1]」。このことは、道徳の指導を行う者が単に学級担任のみを指すのではなく、校長、教頭をはじめ他の教師等、さらには地域の人々や保護者もまた道徳の指導を担う者であることを意味している。

このように多くの人々が道徳教育に携わることを考えるとき、道徳教育の指導においては次のことを明確にしておく必要がある。それは、道徳教育の根幹となり、すべての指導者が共通認識すべき、指導目標、指導方法、指導者の姿勢（ここではこの3つをあわせて「指導の柱」と呼ぶ）である。個々の指導者がその特性を生かして計画し実践する具体的な指導はこの指導の柱を基盤にしたものでなければならない。

本章では、まず指導の柱について述べ、次に学校の道徳教育の要である「道徳科の授業における指導」について、指導の柱を観点にして述べていく。

1 指導の柱

1 指導目標

学習指導要領では「道徳教育は、（中略）自己の生き方を考え、主体的な判断の下に行動し、自立した人間として他者と共によりよく生きるための基盤となる道徳性を養うことを目標とする[2]」と述べており、道徳教育の目標を「道徳性を養うこと」としている。

本章においても指導の柱となる指導目標を「道徳性を養うこと」とするが、道徳性（道徳的判断力、道徳的心情、道徳的実践意欲及び態度を諸様相とする内面的資質[3]）

とは何かについては学校として十分に検討し、指導者全員が共通の認識を持たなければならない。

2　指導方法

　学習指導要領解説の「道徳科の指導[4]」の中に指導の柱となるべき指導方法の要点を見いだすことができる。それは「多面的・多角的な見方」「他者との交流」「自覚」「主体的な活動」「葛藤」「意味の確認・創出」の6点であり、指導の柱となる指導方法は、この6点をキーワードにした計画であることが望ましい。

　ただしこの6点は、このままでは個々ばらばらに学習指導に生かされかねない。そこでこのキーワードを一連の学習活動のレベルで考え、1つのモデルとしてとらえようとしたのが図6-1である。

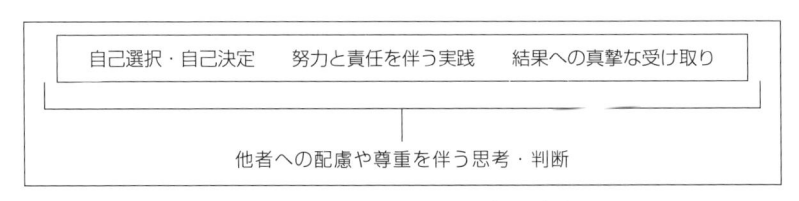

図6-1　指導の柱となる学習活動

出典：筆者作成。

　指導者は、児童生徒が「他者への配慮や尊重を伴う思考・判断」を意識し、その上で成り立つ「自己選択・自己決定」「努力と責任を伴う実践」「結果への真摯な受け取り」を行うよう、学習指導活動を計画したい。

3　指導者の姿勢

　指導の柱となる指導方法が上記のものであるとき、指導者が一方的に教え込むという指導は道徳教育においては採用すべきでないことがわかる。というのは、指導者の一方的な教え込みは指導者の考えや価値観の無条件な受容を児童生徒に求めることを強く意味し、児童生徒に「多面的・多角的な見方」「他者との交流」「自覚」「主体的な活動」「葛藤」「意味の確認・創出」を生じにくくさせるからである。

　さらに、指導者も日々この6つを行い成長していることを考えるとき、自

分もまた児童生徒との交流をとおして自身の道徳性を高揚させているのだということを自覚しながら指導するという姿勢を忘れてはならない。

2　道徳科の授業における指導

1　学 習 活 動

「学習指導要領解説[5)]」には道徳教育を行う際に用いられる学習活動の具体例が挙げられている。

> ○読み物教材を読む　○体験活動（職場体験活動、ボランティア活動、自然体験活動等）　○実物の観察や実験等を生かした活動　○対話を深める活動　○模擬体験や追体験的な活動　○書く活動　○動作化や役割演技　○教師の説話を聞く　○家庭や地域社会の題材を資料として生かした学習　○家庭や地域での話合いや取材を生かした学習　○地域の人や保護者の参加を得た学習　等。

これらの活動を集約して考えるとき、「道徳科の授業」で多用される活動は、①「体験（的）活動の事前と事後の学習」、②「校内でできる体験（的）活動」、③「資料を使っての学習」の3つだといえる。このうち①と②については次の内容がその学習の本質を端的に表しており、このことを忘れずに指導を行いたい。

> 「道徳的価値は、意識されずに体験の中に埋没している場合が多い。道徳的体験の中に意識されずに埋没している道徳的価値を意識化・体系化させることによって、私たちは道徳的体験を道徳的価値体系にまで昇華させることができるのである[6)]。」

体験を体験で終わらせてはいけないことがわかる。①と②についてはこのことを指導者として肝に銘じ、以下では、「道徳科の授業」に多用されやすい③「資料を使っての学習」について述べていく。

2　資料を使っての学習

道徳科の授業で使われる資料には次のものが考えられる。

　○主に読むための資料…物語、伝記、戯曲、新聞記事、論説文、生徒作文、
　　詩や詩歌、図表（アンケートのまとめ等）、グラフ（アンケートのまとめ等）、
　　保護者からの手紙、地域での取材に基づく資料等。
　○主に見る・聞くための資料…映画やドキュメンタリーの動画等。
　○主に聞くための資料…朗読テープ・ＣＤ、説話、体験談、ラジオドラマ、
　　歌唱テープ・ＣＤ等。
　○主に見るための資料…写真、絵画等。

　こういった資料を使っての学習の場合は、児童生徒が「資料との対話」および級友や指導者等の「人との対話」をとおして、「自分との対話」（自分を見つめるということ）を行うことが大きな目標となる。

　以下に、資料を「読む」「見る・聞く」「聞く」「見る」のどの場合においても必要な授業づくりの基本について、学習指導案の書き方を軸にして述べていく。

　学習指導案の必要項目には下記の１）〜 ８）が考えられる。なおこれらはあくまでも１つのモデルであって、児童生徒の実態に基づく、学校や指導者の工夫次第でその項目や内容は多様なものとなる。

　１）主題名
　道徳科の主題は、その授業で児童生徒が何を学ぶのかを端的に表したものである。言い方を変えれば、何について考え何について他者と意見交流をするのかの、何の部分を言語化したものとなる。例：「周りの人への感謝」、「自分なりの生き方」。

　２）資料名
　下記３）の「ねらい」を達成するのに適した資料を選びそれを示す。例：「一冊のノート」（私たちの道徳)、「ぼくの妹に」（道徳読み物資料集)。

　３）ねらい
　学習指導要領「特別の教科 道徳」の「第２　内容」のうちのどれについての授業であるのかを示すとともに、道徳的判断力、道徳的心情、道徳的実践意欲、道徳的態度のどれに対してどのように焦点化しているのかを述べる。判断力の場合は「判断力を育てる」「判断力を高める」、心情の場合は「心情を養う」「心情を豊かにする」、実践意欲の場合は「意欲を高める」「意欲を引き出す」、態度の場合は「態度を育てる」「態度を養う」といったことばで表現する。例：

「B思いやり、感謝。多くの人々の善意や支えによって現在の自分があること
に感謝し、それにこたえようとする心情を養う。」、「C遵法精神、公徳心。公
共の場にはお互いが気持ちよく過ごすためのルール・マナーが必要であること
を理解し、それを守る態度を育てる。」

4）主題設定の理由

（1）ねらいとする価値について

上記3）「ねらい」の中で選択した「内容」が「ねらいとする価値」となる。
したがって、その価値について指導者としてどうとらえているのかを述べる。

（2）児童生徒の実態について

今この時期になぜ「主題」「ねらい」に基づく授業が必要であるのかを児童
生徒の実態に即して述べる。

（3）資料について

資料の価値および分析内容を「主題」「ねらい」「児童生徒の実態」と関連さ
せながら述べる。

（4）研究主題との関連

当該校の研究主題と本時の授業がどう関連しているのか、また研究主題を本
時の授業でどう具体化しようとしているのかを述べる。

5）本時の指導

（1）本時の目標

本時の達成目標を端的に述べる。上記3）の「ねらい」と内容的には重複す
るが、教材に即しながらより具体的な語句を用いて表現する。

（2）展開

一般的には下記の項目から構成されるが、学校や指導者の工夫次第でその項
目や内容は変わる。

	学習活動	主な発問と予想される児童生徒の反応例	指導上の留意点
導入			
展開			
終末			

「学習活動」とは児童生徒が行う活動のことである。したがって文末は児童
生徒を主語として表現する。なお児童生徒の主体的、対話的な活動を必ず入れ
る。例：「読んで考える」「ノートに書いた自分の意見を発表する」「隣の人と

話し合う」

　主要な学習活動と、その学習活動につながる発問は、「ねらい」「本時の目標」が何かによって決定される。なお「ねらい」「本時の目標」が「心情を養う」「心情を豊かにする」の場合、主要な学習活動が「登場人物の心情を理解する」に偏らないよう注意する。

　「主な発問と予想される児童生徒の反応例」とは指導者が児童生徒に実際に行う発問とその発問に対する児童生徒の反応例のことである。反応とは児童生徒の意見・感想・気づき等であるが、まれに行動様式も含まれる。授業を充実させるために、児童生徒の実態をもとに多様な反応例を考えておく。

　「指導上の留意点」とは指導者が発問や指示をして児童生徒に学習活動をさせる際の留意点及び児童生徒の実際の反応をどう評価するのかを述べたものである。児童生徒の反応の評価については、「〇〇（という反応）が出たら次の展開に行く」「〇〇（という反応）が出なければ▲▲を行う」といったことを考えておくと実際の授業に役立つ。

　以下に主な発問の例をいくつか挙げておく。なおここでは、同化とは登場人物の立場に立つこと、異化とは児童生徒自身の立場に立つことを意味する。

〇「ねらい」「本時の目標」が「心情を養う」「心情を豊かにする」の場合の発問例
　・同化…「登場人物はどんな気持ち？」「登場人物は何を思った・考えた？」「登場人物がそんな気持ち・思い・考えになった理由は？」
　・異化…「自分が登場人物と同じ状況だとしたら、自分は、どんな気持ちになる？」「自分が登場人物と同じ状況だとしたら、自分は、どんなことを思う・考える？」「自分がそんな気持ち・思い・考えになる理由は？」
　・同化または異化後の客観化…「登場人物は何を大切にし、自分は何を大切にしている？」「そう考える理由は？」

〇「ねらい」「本時の目標」が「判断力を育てる」「判断力を高める」の場合の発問例
　・異化…「自分が登場人物と同じ状況だとしたら、自分ならどう言う？・自分ならどうする？」「そう考える理由は？」
　・異化後の葛藤…「登場人物の言った・やったことと、自分の言う・やることとの、どちらがよい？・どちらが正しい？・どちらが好き？」「そう考える理由は？」

・葛藤後の客観化…「登場人物は何を大切にし、自分は何を大切にしている？」「そう考える理由は？」

○「ねらい」「本時の目標」が「意欲を高める」「意欲を引き出す」「態度を育てる」「態度を養う」の場合の発問例

・異化…「自分はこれから、何のために、どういうことをしていくつもり？」「そう考える理由は？」

・異化後の葛藤…「自分が考えたことを実際に行おうと思う？」「自分が考えたことを実際に行える？」「そう考える理由は？」

・葛藤後の客観化…「自分は何を大切にしている？」「そう考える理由は？」

なお「同化」「異化」「葛藤」「客観化」は授業中に表出された各児童生徒の心情・考えを上記の登場人物に置き換えて行うことができる。

6）板書計画

板書を見た児童生徒が、その板書をたよりにさらに考えを深めることができるよう構造的な（重要語句や重要語句間の関連がわかる）板書にする。

7）評価活動

（1）児童生徒の活動について

下記の各観点について、それぞれをどのような方法で評価するのかを述べる。○登場人物の立場に立てたか　○自分の立場・経験・ことばで考えることができたか　○自分の意見、判断、心情の根拠（理由）を言えたか　○自分を客観視できたか　○葛藤の際に正直であったか　○多面的・多角的に考えようとしたか　○交流に積極的であったか　○常に他者への配慮や尊重を持てたか　○人間の本質や良さに気づけたか　等。

（2）指導方法について

下記の各観点について、それぞれが「ねらい」「本時の目標」の達成とどうつながっているのかを述べる。○発問　○板書　○教材・教具　○指導過程　○児童生徒の意見、判断、心情への対応（傾聴、賞賛、指導・評価、活用）　○配慮を要する児童生徒への対応　等。

8）その他

例えば「他の教育活動との関連」について述べる等、必要な際に記述する。

おわりに

　道徳科の授業では、担任が児童生徒の考えを巧みに担任自身の考えに誘導していく姿をよく見かける。一方的な教え込みではなく誘導である。しかしこのやり方で果たして道徳的な心情、判断力、実践意欲と態度などの道徳性は高揚されるのであろうか。

　子どもたちに実感が生じてこそ行動を伴う道徳性は高揚されるはずである。そのための体験（的）活動の導入であり、「多面的・多角的な見方」「他者との交流」「自覚」「主体的な活動」「葛藤」「意味の確認・創出」を伴う指導のはずである。

　指導者は、自分が完成された人間ではないことの自覚と反省を持ち、道徳の指導では自分もまた学んでいるのだという姿勢を忘れてはならない。指導者自身が「他者（児童生徒）への配慮や尊重」を強く意識するとともに、これを失った指導は、児童生徒の側からすれば「先生の訓話を聞いて終わった道徳」となる可能性が高いことを肝に銘じなければならない。

［ 演習問題 ］

1. 道徳科の時間において、児童生徒が自分の実感的な思い・考えを素直に発表するために必要な授業ルールにはどのようなものがあるかを考えてみよう。
2. 児童生徒に「内面的な葛藤」を生じさせやすい読み物資料をさがしてみよう。
3. 職業体験活動中には意識されずにいた道徳的価値を、体験活動後に児童生徒自身に意識化・体系化させるための具体的な授業計画を立ててみよう。

注

1）文部科学省『小学校学習指導要領』2017年3月、『中学校学習指導要領』2017年3月。第1章 総則。
2）同上。
3）文部科学省『小学校学習指導要領解説特別の教科道徳編』2017年7月、『中学校学習指導要領解説特別の教科道徳編』2017年7月。第2章 第2節。
4）同上。第4章 第2節。
5）同上。
6）木原孝博『道徳教育の理論』明治図書、1995年、56頁。

7）A主として自分自身に関すること、B主として人との関わりに関すること、C主として集団や社会との関わりに関すること、D主として生命や自然、崇高なものとの関わりに関することのそれぞれについて、細かく「内容」が示されている（これは一般的に「内容項目」と呼ばれている）。

参 考 文 献

押谷由夫、柳沼良太編著『道徳の時代をつくる』教育出版、2014年。

田中マリア『道徳教育の理論と指導法』学文社、2013年。

村田昇編著『道徳の指導法』玉川大学出版部、2003年。

第7章　道徳科の教材・評価

はじめに

　本章では、教科化された「特別の教科　道徳」（以下、「道徳科」）における教材や評価が具体的にどのように変化したのか、および「考え、議論する道徳」を掲げる道徳科の授業づくりと教材や評価の関連性について見ていく。

　学校教育法第34条には、「小学校においては、文部科学大臣の検定を経た教科用図書又は文部科学省が著作の名義を有する教科用図書を使用しなければならない」と示されている。教科化されたことで、教材として使用していた副読本から、文部科学省の検定教科書を使用することが義務付けられた。また、教科化されたことで、道徳科における評価の問題が浮上した。これまで領域であった道徳の評価については、指導要録に記入する欄は設けられていない。当然ながら、通知表等保護者への連絡手段として道徳に関わる評価欄を設けることはなかった。道徳科となり、指導と評価の一体化を強調する流れにおいて、指導したにもかかわらず評価はしないということは許されない。

　それでは、具体的にどのように教材が変わり、評価が変化したかを確認する。

1　道徳科の教材

1　教科化される以前の教材

　道徳の時間に用いられる教材の具備すべき要件[2]として、次の5点が挙げられる。

　① 人間尊重の精神にかなうもの
　② ねらいを達成するのにふさわしいもの
　③ 児童（生徒）の興味や関心、発達の段階に応じたもの

④ 多様な価値観が引き出され深く考えることができるもの

⑤ 特定の価値観に偏しない中立的なもの

　また、指導者自身が教材に感動を覚え、児童生徒がより学習に意欲的に取り組むことができるように以下の 6 点の要件についても留意する必要がある。

① 児童生徒の感性に訴え、感動を覚えるようなもの

② 人間の弱さやもろさに向き合い、生きる喜びや勇気を与えられるもの

③ 生と死の問題、先人が残した生き方の知恵など人間としてよりよく生きることの意味を深く考えることができるもの

④ 体験活動や日常生活等を振り返り、道徳的価値の意義や大切さを考えることができるもの

⑤ 悩みや葛藤等の心の揺れ、人間関係の理解等の課題について深く考えることができるもの

⑥ 多様で発展的な学習活動を可能にするもの

2　教科化された道徳科における教材の充実

　教科化されたことで検定教科書の使用義務が発生した。それに加えて、題材として「特に、生命の尊厳、自然、伝統と文化、先人の伝記、スポーツ、情報化への対応等の現代的な課題[3]」を工夫することが、新しい学習指導要領で示されている。

　例えば「生命の尊厳」は、生命のもつ偶然性、有限性、連続性から、生命の尊重や感謝、よりよく生きる喜びなど様々な道徳的な問題を考えることができる言わば道徳の内容全体に関わる事項である。身近な人の死に接したり、人間の生命の尊さやかけがえのなさに心を揺り動かされたりする経験が少なくなっていると、現代社会は言われている。そこで、例えば動植物を取り上げた教材の提示により、生や死など生命の尊さについての考えを深めていくことができるような教材の工夫が考えられる。また、「スポーツ」では、例えばオリンピック・パラリンピックなど、世界を舞台に活躍している競技者の公正な態度や苦悩、努力などに触れて、道徳的価値の理解を深めたり、自己を見つめたりすることも効果的である。

　なお、教材の活用に当たっては、地域や学校、児童生徒の実態や発達の段階、指導のねらいに即して、適切に選択することが求められる。教科書や教材につ

いても、学校に置いておくのではなく、持ち帰って積極的な取組を進めることが求められる。また、どのような現代的な課題を取り上げるかについては、学習指導要領上、他の教科で学習する内容は当該教科の教科書で扱われることを前提としつつ、道徳科の学習のねらいを達成するために、他の教科で学習する内容について必要な範囲に限って取り上げることも考慮する必要がある。

さらに、教育委員会が作成した教材[4]（例、ふるさと教材等）を検定教科書の教材と置き換えることができるかという点について留意する必要がある。学校教育法第34条で使用義務が示されているのであるからこれを遵守する必要がある。ただし、教育委員会で作成した副読本の教材を一緒に使用することは認められている。道徳科の時間に両教材の軽重のバランスを考えた上での使用も可能だろう。

2 道徳科の評価

1 教科化される以前の評価

教科化される前の道徳は、児童生徒に関する評価についての実践や研究が各学校等において組織的・計画的に進められてこなかったとの指摘がなされている。理由としては、児童生徒の道徳性という目に見えない部分を一面的に評価できるのか、評価するにはどういう方法があるのか、など道徳性を分析する点で、研究者や行政側は消極的だったことが考えられる。これまで指導要録の参考様式には、道徳の時間に特化した評価を記載する欄は示されていなかった。指導要録上、児童生徒の行動については「行動の記録」という欄が設けられ、「総合所見及び指導上参考となる諸事項」を記入する記述欄が別途設けられていた。つまり道徳の時間の児童生徒の評価はこれらの欄に記入するしか方法がなかったと言えよう。また、学習指導要領総則には、「児童（生徒）の道徳性については、常にその実態を把握して指導に生かすよう努める必要がある。ただし、道徳の時間に関して数値などによる評価は行わないものとする」との規定があり、数値により評価されることはなかった。

2 教科化された道徳科の評価

2016年7月22日に道徳教育に係る評価等の在り方に関する専門家会議において「『特別の教科　道徳』の指導方法・評価等について（報告）」が全国に周知

された。この中で道徳科の評価について留意する点として以下の6点を挙げている。

① 道徳性の育成は「どのように社会・世界と関わり、よりよい人生を送るか」に深く関わること。

② 道徳的判断力、心情、実践意欲と態度のそれぞれについて分節し、観点別評価を通じて見取ろうとすることは、児童生徒の人格そのものに働きかけ、道徳性を養うことを目的とする道徳科の評価としては、妥当でないこと。

③ 道徳的諸価値についての理解を基に、「自己を見つめ、物事を（広い視野から）多面的・多角的に考え、自己（人間として）の生き方についての考えを深める」という学習活動における児童生徒の具体的な取組状況を、一定のまとまりの中で、児童生徒が学習の見通しを立てたり学習したことを振り返ったりする活動を適切に設定しつつ、学習活動全体をとおして見取ることが求められること。

④ 個々の内容項目ごとでなく、大くくりなまとまりを踏まえた評価とすること。

⑤ 児童生徒がいかに成長したかを積極的に受け止めて認め、励ます個人内評価として記述式で行うこと。

⑥ 学習活動で児童生徒がより多面的・多角的な見方へと発展しているか、道徳的価値の理解を自分自身との関わりの中で深めているかなどの点を重視すること。

　この点がすべて学習指導要領解説道徳編においても示されることとなり、法的にも道徳科の評価はより明確になったと言えよう。

3　指導要領と通知表

　学校教育法施行規則第24条に示されている通り、指導要録について「校長は、その学校に在学する児童等の指導要録を作成しなければならない」とある。一方で、通知表に関しては、決められた法令はない。つまり、保護者との協力・連携の上で必要となるものであり、学校長の裁量となっている。そのため、保護者からの信頼を得る上で新たに教科となった道徳科における児童生徒の評価をどのように伝えるかは、各学校の創意工夫が必要となる。

小学校児童指導要録（参考様式）（イメージ）

様式2（指導に関する記録）　　　　　　　　　　　　　　　別紙3

児童氏名		学校名		区分＼学年	1	2	3	4	5	6
				学級						
				整理番号						

各教科の学習の記録

I　観点別学習状況

教科	観点 ＼ 学年	1	2	3	4	5	6
国語	国語への関心・意欲・態度						
	話す・聞く能力						
	書く能力						
	読む能力						
	言語についての知識・理解・技術						
社会	社会的事象への関心・意欲・態度						
	社会的な思考・判断・表現						
	観察・資料活用の技能						
	社会的事象についての知識・理解						
算数	算数への関心・意欲・態度						
	数学的な考え方						
	数量や図形についての技能						
	数量や図形についての知識・理解						
理科	自然事象への関心・意欲・態度						
	科学的な思考・表現						
	観察・実験の技能						
	自然事象についての知識・理解						
生活	生活への関心・意欲・態度						
	活動や体験についての思考・表現						
	身近な環境や自分についての気付き						

特別の教科　道徳

学年	学習状況及び道徳性に係る成長の様子
1	
2	
3	
4	
5	
6	

外国語活動の記録

観点 ＼ 学年	5	6
コミュニケーションへの関心・意欲・態度		
外国語への慣れ親しみ		
言語や文化に関する気付き		

画像は小学校児童指導要録のイメージ（中学校生徒指導要録、特別支援学校小学部・中学部の児童指導要録・生徒指導要録も同様）

総合的な学習の時間の記録

図7−1　指導要録の参考様式

出典）文部科学省HP（https://doutoku.mext.go.jp/pdf/notification.pdf）（2018年10月25日閲覧）

　一方で、法令上では各教科に規定されているものである。学年末までに、担任は児童生徒1人1人について指導要録に記載する必要がある。図7−1のような参考様式も示されていて、評価は前述の①〜⑥の点に配慮しながら記載しなくてはならない。

③　「考え、議論する道徳」と教材・評価

1　「考え、議論する道徳」とは何か

　2017年3月31日に新学習指導要領が告示され、各教科等で全面実施に向けた移行措置が行われている（2019年4月現在）。学習指導要領の趣旨として「生きる力」を育むことをめざすにあたり、各教科等の指導をとおして育成すべき資質・能力として、「知識及び技能」の習得、「思考力、判断力、表現力等」の育成、「学びに向かう力、人間性等」の涵養という3つの柱が示された。道徳科でこれらを育成するための授業改善が求められており、その改善の視点

が「主体的・対話的で深い学び」である。各教科等で「主体的・対話的で深い学び」をとおして、資質・能力を育成するものであるが、これを道徳科では、「考え、議論する道徳」ととらえて、表現している。

2　「考え、議論する道徳」における教材の役割

　道徳科では、教科用図書の読み物教材等を活用して授業が行われる。しかし、その教材の内容を理解するものではなく、教材をとおして自己の生き方について考えるものである。これからの時代、道徳科の質的転換のためには、質の高い多様な指導方法の確立が求められている。そのために文部科学省専門家会議（前述）では2016年 7 月に具体的に以下のような学習を示した。

　　① 読み物教材の登場人物への自我関与が中心の学習
　　② 問題解決的な学習
　　③ 道徳的行為に関する体験的な学習

　この中でとりわけ①の読み物教材の登場人物への自我関与については、教材の果たす役割として、児童生徒が読み物をとおして登場人物に自分自身を重ね合わせて考えるようにすることが大切であるとしている。そのためには、教材の登場人物の判断や心情を自分との関わりにおいて多面的・多角的に考えることをとおして、道徳的諸価値の理解を深めることについて効果的な指導方法であるとしている。また、登場人物に自分を投影して、その判断や心情を考えることにより、道徳的価値の理解を深めることができる。

3　「考え、議論する道徳」における評価の改善

　これからの道徳科の評価は、教師が自らの指導をふりかえり、指導の改善に生かしていくことだけでなく、子どものよい点や進歩の状況などを積極的に評価することが求められる。具体的には、道徳科において、児童生徒の学習状況や道徳性に係る成長の様子をどのように見取り、記述するかということについては、学校の実態や児童生徒の実態に応じて、指導方法の工夫とあわせて適切に考える必要がある。「考え、議論する道徳」の実践として、児童生徒が一面的な見方から多面的な見方へと発展させているかどうかという点については、例えば、道徳的な問題に対する判断の根拠やその時の心情を様々な視点からとらえようとしていることや、自分と違う意見や立場を理解しようとしているこ

と、複数の道徳的価値の対立が生じる場面において取り得る行動を多面的・多角的に考えようとしていることを発言や記述等から見取るとういう方法が考えられる。こうした工夫こそが、道徳科における「考え、議論する道徳」での評価の改善と言える。

おわりに

　道徳科における教材と評価は、道徳が教科化されたことの象徴的な部分と言えよう。検定教科書を用いて、道徳科に関して児童生徒の評価を記述する。このことは、1958年の特設道徳の誕生から60年目の大きな節目と言えるだろう。

　　演習問題

　1．『私たちの道徳』と検定教科書のちがいについて調べてみよう。
　2．「児童生徒の学習状況」や「道徳性に係る成長の様子」について考えてみよう。
　3．教科化された道徳における教材と評価の変化についてまとめてみよう。

注
1）教科用図書検定調査審議会「『特別の教科　道徳』の教科書検定について」（報告）平成27年7月23日。
2）文部科学省「小学校学習指導要領解説　道徳編」平成20年8月。
3）文部科学省「小学校学習指導要領解説　総則編」平成29年7月。
4）文部科学省作成の『心のノート』や『私たちの道徳』を含む。

参 考 文 献
東風安生「子供の自尊心を高める道徳科の評価を求めて」文部科学省「初等教育資料12月号」2018年11月。
永田繁雄編著『「道徳科」評価の考え方・進め方』（教職研修総合特集）、教育開発研究所、2017年6月。
毛内嘉威編著『道徳授業のＰＤＣＡ』明治図書、2018年11月。

第8章 道徳教育と学級経営・生徒指導

はじめに

　学級経営の１つの様相を「児童生徒の安心・安全な居場所（自他の信頼、自己肯定感に裏打ちされた場所）をつくる学級経営」としたとき、開発的な生徒指導（学級集団において児童生徒それぞれが互いのよさを認め、自身のよさを発揮できるための指導）の視点に基づいた道徳教育が果たす役割は重要である。この視点に基づく道徳教育では、児童生徒が自分自身と向き合い、道徳的価値について他者の見方や考え方に触れ、それらを表現する過程において、他者から認められ、自己の成長を実感できることが期待されるからである。

　本章では、開発的な生徒指導に基づく学級経営と道徳教育との関連、道徳教育の要となる「特別の教科　道徳」（以下、道徳科）の授業に開発的な生徒指導の視点を取り入れた場合の授業のあり方について述べていく。

１　開発的な生徒指導による学級経営と道徳教育

　道徳の教科化の背景に「いじめ」問題が深くかかわっていることは言うまでもない。では、「いじめ」問題をはじめとする生徒指導上の諸課題に対して、道徳教育をより効果的に実施するためには何が必要なのであろうか。

　学級経営において最も重要なことは、児童生徒にとって学びの場である学校とりわけ学級において自分の居場所があり、その居場所が安心かつ安全であることを実感できることである。これこそがいじめの抑止力となり、適切な行動をとるための内面的資質の育成につながる。

　ではそのような学級はいかにして実現できるのであろうか。課題が発生しない学級など存在しないことも事実であることを踏まえて考えるとき、開発的な生徒指導の視点をもった学級経営が重要となる。

　生徒指導のあり方については、しばしば体調管理を例に説明される[1]。問題解決的な生徒指導は風邪薬の服用、予防的な生徒指導は手洗い、うがいの励行、そして開発的な生徒指導は、「早寝、早起き、朝ごはん」のように基本的な生活習慣の励行に例えられている。

　このことを学級経営に当てはめたとき、開発的な生徒指導とは学級集団において児童生徒それぞれが互いのよさを認め、自身のよさを発揮できるための指導であるといえよう。自身の気づきや学びを教員や周囲の児童生徒から認められること、間違いや失敗を恐れずに挑戦できることは、それぞれの子どもにとって何物にも代えがたい自己肯定感を育むことになる。そして、そのような指導を充実させることは、「いじめ」をはじめとした生徒指導上の諸課題に対する予防的な指導を充実させることにつながる。対応的な指導である問題解決的な生徒指導とは、この点が大きく異なるのである。

　このように開発的な生徒指導による学級経営を考えたとき、それが大きく道徳教育と関わっていることが見えてくる。『学習指導要領解説[2]』には、道徳科の指導の基本方針に「道徳科の指導は、よりよい生き方について生徒が互いに語り合うなど学級での温かな心の交流があって効果を発揮する」という一文がある。「よりよい生き方」について「生徒が互いに語り合う」には、「温かな心の交流がある」状態（この状態は学級集団において児童生徒それぞれが互いのよさを認め、自身のよさを発揮できる状態だと言える）が必要だと述べており、このことは、道徳教育の推進と、開発的な生徒指導に基づく学級経営とがつながっていることを示している。

　なお開発的な生徒指導による学級経営とつながる道徳教育では、まず年間の見通しを持った計画の策定が肝要となり、児童生徒の実態を踏まえ、年間指導計画や学級経営計画の中に道徳教育を相関的に位置づける必要がある。児童生徒の発達段階を踏まえ、年間を通して段階的に学びを深めることこそ、見通しをもった計画となる。さらに運動会や学習発表会のような体験的行事と道徳科授業を関連づけることも重要である。児童生徒は、体験的行事における多様で実感的な道徳的価値について、活動における気づきをもとに、より自分事として考えることができるであろう。

2　開発的な生徒指導による学級経営を支える道徳科の授業

　学級経営を「児童生徒それぞれが互いのよさを認め、自身のよさを発揮できる学級づくり」と考えたとき、この実現につながる道徳科の授業とはどのようなものであろうか。ここではこのことについて、「読み物教材の登場人物への自我関与が中心の学習」[3]を視点にして述べていく。

　授業において読み物教材を活用することは非常に有効である。読み物教材の良さは児童生徒が想像力をはたらかせ、これからの自身の人生における様々な事象を疑似体験できることにある。時にその教材は、自身がこれまで経験したことのない内容である場合があり、児童生徒は教材における中心人物に自我関与することで、自身のこれまでの経験をもとに未知の体験に対しどのような態度で接し、判断するかを深く考えることができる。

　想像力をはたらかせるということは、他者の心情を慮ることに課題を有する児童生徒の思いやりを育むことにつながり、これは「いじめ」をはじめとした生徒指導上の諸課題に対しての児童生徒の対応力を育むことに他ならない。

　道徳科授業において、新たな学びや気づきがあることは他の教科と同様に重要である。そのために授業者には、次の2点を念頭においた授業実践を行うことが求められる。

　1点目は授業の目標、児童生徒にとっての「めあて」を明確にもち授業を展開することである。この際に注意すべきことは、道徳教育における目標は児童生徒1人1人にとって出発点から達成点に至るまで異なるものであることを理解することである。道徳科授業における目標はあくまでも方向目標であり達成目標ではないのである。

　2点目は、授業者は常に児童生徒の実態を観察し、発達段階やその実施時期を鑑みて適切な教材を選択することである。このことは計画的な授業を実施することにほかならず、児童生徒の発達段階に応じた教材選びこそ、道徳科授業における「深化」の過程に必須の要素といえる。

　児童生徒の実態を把握することは学級経営の基礎であり、温かな学級集団の形成の基礎となることは言うまでもない。学級が親和的で児童生徒にとって安心できる空間であることは、道徳科授業における学びの「深化」にも大いに作用する。また児童生徒の実態や発達段階に適した教材を選択することは、教材

に対して児童生徒の興味関心の高揚と自我関与の実現を生じやすくさせ、その
ことが内容項目[4]の達成をより「深化」させることにつながる。

③ 授業者として必要な視点

　道徳科の授業においてよい授業とは、児童生徒が自身のことばで道徳的諸価
値について語りあい深めあう過程を経て、道徳的価値を見つめ、他者との交流
により学びや気づきのある授業である。そのために授業者は、児童生徒が自身
の言葉で考えを語り合うことで深く考え、新たな道徳的価値と向き合い、自覚
を深めるための助言的な役割に徹するべきである。言い換えると、道徳的諸
価値に対して新たな見方、考え方を示唆するのは学級の仲間や児童生徒自身な
のであって、それは児童生徒が自分の考えを表現し議論するなかでこそ生まれ
るものだということを、授業者は強く意識すべきだということである。
　このとき授業者として気をつけなければならないことは、一般的な授業の流
れ（中心発問を山場として、終末では児童生徒が自身と向き合い深く考える時間が設定され
た流れ）を前提としたうえで、1単位時間の授業の流れにおいて、児童生徒の
主体性が育まれ、円滑な人間関係の構築に寄与する相互理解の「深化」が進む
ように、具体的な構想をもつことである。
　なお授業者が各児童生徒の発言に対して肯定し励ますなど温かな雰囲気づく
りに留意すると、より活発で深まりのある授業となる。「なるほど」という肯
定的な声かけや「もう少し詳しく」のような深まりを求めたりする声かけ、切
り返しを求めたりする発問など授業展開に応じた声かけは道徳的価値に対して
児童生徒がより深く思考するために非常に有効であるといえる。
　また終末にかけては、授業者は道徳的価値について自分が定義づけるような
発言を決して行ってはいけない。むしろそれを児童生徒にゆだねることで、学
びを自身のことばで振り返らせることができる。これこそが道徳的価値を自身
で獲得することであり、道徳授業における学びのあり方だといえる。
　次に、授業者としての支援や観察、評価のあり方について考えたい。
　ワークシート等に考えを記述することが苦手な児童生徒に対して、机間指導
をしながら助言（声かけ）をするという支援が考えられる。また、特定の児童
生徒の思考内容を取り上げて発言させることも有効である。このような支援は
多くの児童生徒の思考の一助になるとともに、意見を取り上げられた児童生徒

の自己肯定感を高めることにもつながるためである。

　一方で、授業者は机間指導を通じて各自の思考内容を十分に読み取り、児童生徒の立場を分類したり類推したりすることで、その思考が深まることに着目して整理をしたい。これは意見表明の際に意図的に学級全体の思考を深めるためにとても重要なことである。道徳的諸価値について真剣に議論する必然性を期待できると同時に、自己と異なる考えをもつ他者に触れることで多様性を許容することができる児童生徒の育成が期待できるだろう。

　児童生徒が道徳科授業においてそれぞれに意見を表明し、自身のことばで語り合うことは、道徳的諸価値を多角的多面的に捉える機会を保障することにつながり、児童生徒の他者理解に寄与する。一方で、自身の意見を他者に認められる経験を重ねることで児童生徒の自己肯定感の高揚にも効果的である。

　道徳科授業における児童生徒の評価については、上記の視点にもとづき、形成的に行われるべきであろう。その一方で道徳科授業における評価は、授業における目標の達成について授業者自身が振り返るためのものである点についても留意するべきである。児童生徒の学びの深まりを評価することは、自身の指導についての指標となる。自身の授業改善にも児童生徒の学びを見取ることは有効といえる。とくに年間カリキュラムや学級経営計画における重点項目については、その深まりについて確認することで、関連項目の取扱いや異なる教材における同一項目の取扱いのあり方をより有効なものとできる。そのために、児童生徒が自身の道徳ノートやワークシートの記述内容を読み返し振り返る時間を設定し、自らの変容を評価させることも有用となる。

おわりに

　開発的な生徒指導を効果的に行うためには、道徳科授業が不可欠である。そのとき、あくまで道徳科授業は年間カリキュラムに基づき計画的に実施されることが重要となる。学級の諸課題に対して場当たり的な指導を道徳科授業で行うことは望ましいことではない。道徳科授業で求められることは、今後児童生徒が直面するであろう諸課題について考えを深め、様々な立場の考え方が存在し、その多様性を許容することこそが真の豊かさであることを気づかせることである。予想だにできない経験に直面し判断を求められたとき、この豊かな学びが児童生徒の行為の基礎となるだろう。つまり、道徳科授業での学びは即座

に行動の変容をもたらすものではなく、じっくりと身につける学びであるといえる。

　授業者自身が、多様性がもつ真の豊かさを理解し、学級経営の１つの柱として道徳科授業を展開することは、児童生徒１人１人が認め合う学習集団の形成につながり、開発的な生徒指導の実現につながるだろう。

　| 演習問題 |

1．開発的な生徒指導による学級経営と道徳教育との関連を自分なりにまとめてみよう。
2．児童生徒が安心かつ安全に過ごすことのできる学級経営方針を、道徳教育にもとづいて考えてみよう。
3．年間行事予定や学級経営計画に鑑みて、効果的な道徳の年間カリキュラムを考えてみよう。

注

1）国立教育政策研究所『生徒指導リーフ　Leaf.5「教育的予防」と「治療的予防」』2012年6月。
2）文部科学省『小学校学習指導要領解説　特別の教科道徳編』2017年7月、『中学校学習指導要領解説　特別の教科道徳編』2017年7月。
3）文部科学省『「特別の教科　道徳」の指導方法・評価等について（報告）』2016年7月。
4）文部科学省『小学校学習指導要領』2017年3月、『中学校学習指導要領』2017年3月。「第3章 特別の教科　道徳、第2　内容」。

参 考 文 献

赤堀博行『「特別の教科　道徳」で大切なこと』東洋館出版社、2017年。
田沼茂紀編著『「特別の教科　道徳」授業＆評価完全ガイド』明治図書出版、2016年。
横山利弘監修『楽しく豊かな道徳科の授業をつくる』ミネルヴァ書房、2017年。

第9章　家庭・地域における道徳教育

はじめに

　近年、家庭・地域の教育力の低下が問題となっている。社会環境の変化を受けて、伝統的に家庭や地域によって育まれてきた道徳性の欠如が叫ばれ、いじめや非行といった問題行動や少年犯罪のニュースも後を絶たない。これらの問題に対して、2014年文部科学省・中央教育審議会（以下、中教審と記）答申「道徳に係る教育課程の改善等について」では、道徳教育を推進する上で家庭・地域との連携・協力の必要性を指摘した上で、「地域において 親子で道徳について学ぶことのできる機会を設けるなど、家庭や地域にも開かれた道徳教育を進めることも期待される」と述べられ、学校教育だけでなく、家庭・地域における道徳教育の必要性が提示された。さらに、2016年中教審答申「幼稚園、小学校、中学校、高等学校及び特別支援学校の学習指導要領等の改善及び必要な方策等について」においても、「道徳教育推進教師と協働しつつ、家庭や地域との連携を深め、主体的・能動的に道徳教育を実践すること」が示されるなど、家庭・地域と連携した取り組みが求められている。そこで、本章では家庭・地域における道徳教育が必要とされるに至った背景を踏まえた上で、そこにおける問題点と課題について論じていきたい。

1　家庭・地域における道徳教育が求められる背景

　2017年改訂の『小学校学習指導要領解説　特別の教科　道徳編』には、道徳教育では、「人が互いに尊重し協働して社会を形作っていく上で共通に求められるルールやマナーを学び、規範意識などを育むとともに、人としてよりよく生きる上で大切なものとは何か、自分はどのように生きるべきかなどについて、時には悩み、葛藤しつつ、考えを深め、自らの生き方を育んでいくことが

求められる」とある。子どもは多くの場合、出生と同時に家庭の一員となり、保護者を中心とする年長者のもとに養育される。その過程において社会のなかで生きていくための基本的な人間性を身につける。ここでの人間性とは、他者と共生し、よりよい生活や社会をつくっていくための基盤であり、具体的には、正義感や公正さを重んじる心、自立心、責任感等が挙げられよう。これらは一朝一夕に体得できるものではなく、その意味で家庭・地域において繰り返し行われる教育、いわばしつけの重要性は言うまでもない。

しかし日本では、近年の少子化や家族のライフスタイルの変化のなかで、育児不安の広がりや子どもの放任、虐待が社会問題化するとともに、道徳意識やしつけといった家庭・地域における教育力の低下が指摘され始めた。0歳〜18歳の子どもを持つ20〜54歳の父母3000人を対象とした調査によると、約4割が「子育てに悩みや不安がある」と回答しており、なかでもその悩みとして「子供の勉強や進学のこと」「子供のしつけやマナーのこと」が多く挙げられている（図9-1参照）。また、家庭の教育力の低下にあっては、しつけや教育の仕方がわからない、しつけや教育に自信が持てない親の増加がかねてより指摘されているところである。さらに近年の少子化高齢化を受けて、多くの親が幼少期から子どもに触れることが少なく、育児の経験も学習も不足している現状が窺える。すなわち、保護者の育児に関する体験不足や学習不足は少なからず子どもに関するしつけや教育への戸惑い、不安に影響を与えているのであろう。

また、児童虐待も深刻な状況である。全国の児童相談所における児童虐待の対応件数及び虐待による死亡事例件数の推移をみると、その数は年々増加の一途を辿っている。虐待が引き起こされる背景には、保護者の育児不安や地域からの孤立、子どもの育てにくさ等、様々な要因があることが指摘されている。虐待はこれら様々な要因が重なりあって引き起こされるものであるが、虐待が子どもの心身の発達や人格の成長に重大な影響を与えることから考えると、発生予防から早期発見・対応、さらには虐待を受けた子どもの保護、自立支援に至るまでの総合的な支援体制整備と充実は必須である。政策的レベルを見ると、2000年に「児童虐待の防止等に関する法律」が制定されて以降、同法及び児童福祉法の一部改正が度重なり、そのなかで市町村による児童虐待対応の開始や安全確認のための立ち入り調査の強化、乳児家庭全戸訪問事業実施の努力義務化等、児童虐待防止に向けての体制が整備されてきている。しかしその一方で、前述したように児童虐待相談対応件数及び虐待死亡数は増加しており、

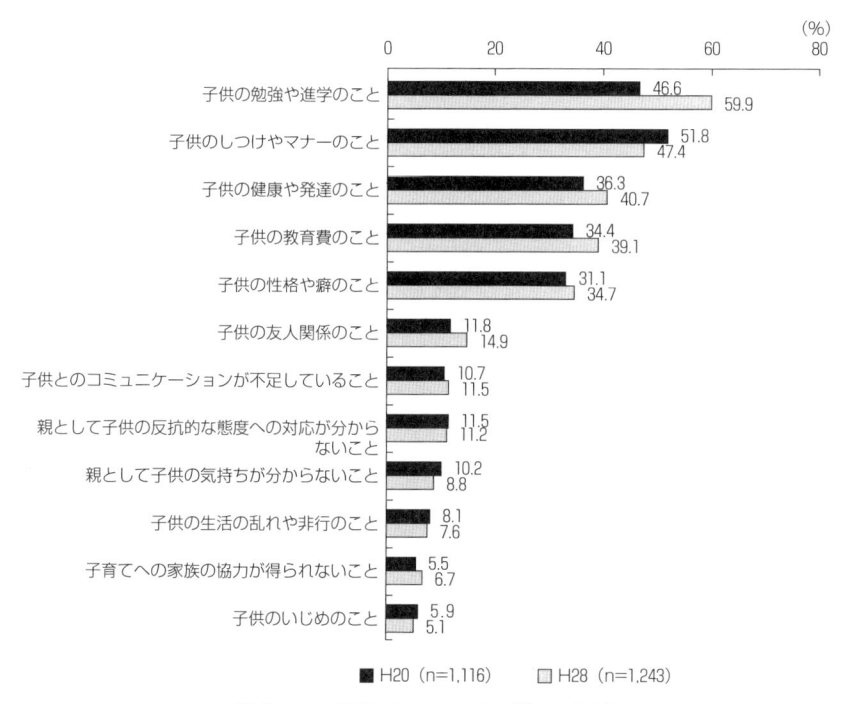

図 9-1　子育てについての悩みや不安

政策の効果は未だ十分発現されていないと評価できる[2]。
　このようななか、2006年全部改正の教育基本法では「家庭教育」（第10条第 2 項）において「国及び地方公共団体は、家庭教育の自主性を尊重しつつ、保護者に対する学習の機会及び情報提供その他の家庭教育を支援するために必要な施策を講ずるよう努めなければならない」とし、家庭教育の第一義的責任は保護者にあるとしながらもそれを支援していく必要性が明示された。さらに「学校、家庭及び地域住民等の相互の連携協力」（第13条）では「学校、家庭及び地域住民その他の関係者は、教育におけるそれぞれの役割と責任を自覚するとともに、相互の連携及び協力に努めるものとする」ことが規定されるなど、ここに家庭教育支援における学校・地域との連携、協力の重要性を示し、あわせて国や地方公共団体の責任が明確化されたのである。
　その後、2012年の家庭教育支援の推進に関する検討委員会による報告書「つ

ながりが創る豊かな家庭教育」では、家庭の教育力低下はすべての家庭にあてはまるものではなく、生活に余裕がなく家庭教育を行うことが困難になっている家庭と様々な教育資源の情報収集や活用を図っている家庭の2極化している状況が示され、家庭教育が困難になっている家庭への支援が重要な社会的課題であると指摘された。そして、2013年には第二期教育振興基本計画（～2017年度）が策定され、保護者の学びの充実に向けた取組や家庭教育支援体制の強化が目標として盛り込まれた。さらに2018年には、それまでの教育振興基本計画を進めるものとして第三期教育振興基本計画（～2022年度）が策定され、そのなかで改めて家庭、地域の教育力の向上が教育政策の目標として掲げられている。

2 家庭・地域における家庭教育支援の取組の現状と問題点

ここでは、家庭、地域の教育力向上に向けた取り組みとして、家庭教育支援施策の現状と問題点について大まかに見ていくことにする。前述したように、現在、国および各自治体において様々な家庭教育支援施策が実施されている。なかでも、地域の子育て経験者や民生児童委員など、地域の身近な人たちと専門家の連携による「家庭教育支援チーム」を中心とした支援体制づくりが推進されており、子どもや保護者にとって身近な存在となるよう、学校や公民館などを拠点とした活動を実施している。具体的活動として、学校の保護者会など多くの親が集まる機会を活用した家庭教育学級や講演会の開催、地域人材を養成し家庭教育支援チームとして家庭訪問等を通した相談対応や情報提供の実施、家庭教育手帳の配布やホームページ等での情報提供、そして子どもの生活習慣づくりを推進する「早寝早起き朝ごはん」運動の推進等が挙げられる。

全国都道府県及び市町村教育委員会を対象にした調査によると[3]、家庭教育支援施策の取り組み内容として、「家庭教育に関する学習機会の提供」をしている自治体が66.5％と一番多く、次いで「家庭教育に関する相談対応」が36.0％、「子育てサポーターリーダー等の中核的人材の養成講座」が2.9％となっており、内容によって実施率に大きな差が見られる（図9-2参照）。

では、これらの取組は家庭、地域からどのような評価を受けているのだろうか。全国都道府県教育長協議会による報告書では[4]、家庭教育支援によって家庭でのコミュニケーションの充実や子どもの基本的生活習慣が改善した事例が多数紹介されている。しかしその反面、問題も散見される。例えば、同報告書に

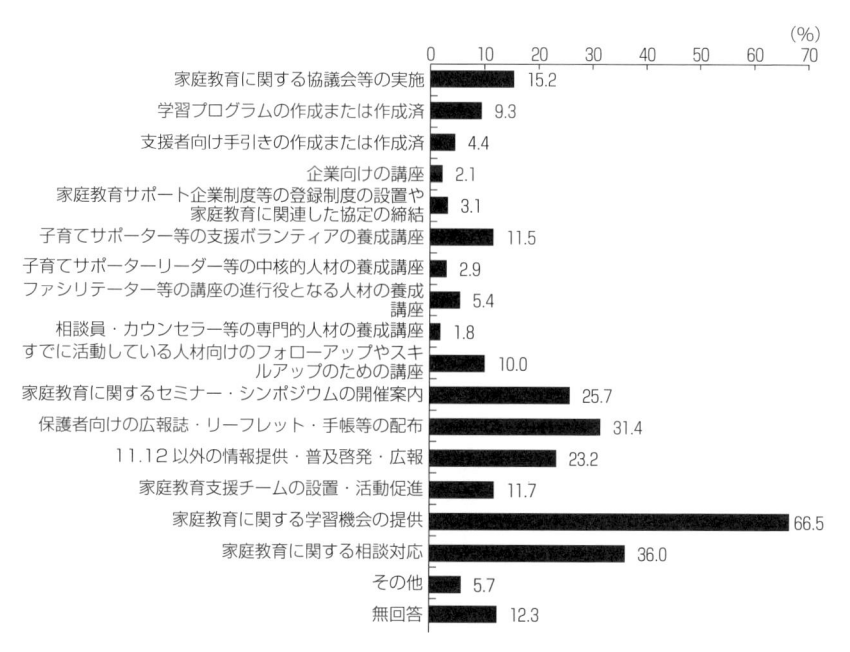

図9-2　家庭教育支援取組の実施状況（文部科学省委託調査、2016年）

よると、「必要としている親等に支援が届いていない」、「家庭教育支援を行う地域人材の不足」、「（研修のねらいとしている）保護者の参加が得られない」、「支援チームの組織化が進まない」、「家庭教育に関して関心の低い親や困難を抱える親への効果的な取組がない」といった項目が課題として挙げられている。

　国は、地域で家庭教育支援チームを立ち上げる際に必要となる視点を整理し、効果的に支援活動を実施していくために参考となる「『家庭教育支援チーム』の手引書について」を作成し、家庭教育支援チームの活動推進を図っているが、前出の調査によると、家庭教育支援チームがある自治体は18.9％と依然少ない数字に留まっており、今後の更なる推進が望まれている。

３　家庭教育支援の今後の課題

　では、家庭・地域における家庭教育支援の取組の今後の課題とは何であろうか。ここでは２点指摘しておきたい。すなわち１点目は、親、地域への支援を

総合的・継続的に展開していく必要性があるということである。家庭教育・しつけを行うにあたっては、家庭において父母のいずれもが愛情を持って子育てに関わり、家族の団らんや共同体験のなかで、時には厳しく子どもに接していくことが求められる。また、地域においては住民同士が相互に連携しながら子どもたちを見守り、安全な活動の場を提供していくことが必要とされる。これらの実現のためには、母親に偏りがちな子育てに父親も参加できるような就業形態の検討や子育て支援ネットワークの拡大、親を対象にした学習プログラムの充実、青年を対象とした早い段階からの育児体験など学習機会の提供など、雇用・教育・福祉・保健といった様々な分野において総合的に取り組まれていくことが求められる。また同時に、乳幼児期から子の自立までを視野に入れた支援の実施にあたっては、各々のライフステージに合った継続した支援の展開も必要であろう。

　そして2点目は、支援を担う人材を育成していく必要性である。家庭教育支援は「すべての親を対象とする教育支援」であり、そのなかには当然ながら子育てに無関心な保護者、孤立する保護者が存在している。そのような保護者に対しては、地域のネットワークから細かな情報を受け、個別訪問していくアウトリーチ活動の実施等が必要となろう。現在、子育てサポーターリーダーや子育てサポーターだけでなく、保健師、民生児童委員等を含めた家庭教育支援チームの支援体制の整備が重点的に図られており、そのなかで訪問活動の実施を展開しているところである。[5)]しかし専門的知識や技術を習得するためには数回の研修のみでは不十分であることは言うまでもなく、継続した研修システム体制を整備し専門性を高めていくことは必須である。同時に、すべての親を対象とした支援であることから地域間格差を無くすための人員配置への取組も望まれる。

おわりに

　本来、家庭教育は保護者にその第一義的責任があり、各家庭の自主性の中で実施されるものである。しかし、昨今の社会状況からの要請を受け、これまで様々な家庭教育支援施策は進められてきている。こうした観点にたって、保護者及び地域住民自らが主体的に学び合う環境を醸成していくための環境整備が求められよう。家庭教育支援施策が今まさに検討されつつあるなかで、今後の

動向に注目していきたい。

| 演習問題 |

1．家庭・地域におけるしつけとはどのようなものか考えてみよう。
2．家庭・地域が連携した家庭教育支援の取組事例について調べてみよう。
3．家庭・地域が家庭教育を実施していく課題を考えてみよう。

注

1）文部科学省委託調査「家庭教育の総合的推進に関する調査研究～家庭教育支援の充実のための実態等把握調査研究～」2017年。
2）総務省、『児童虐待の防止等に関する政策評価〈評価の結果及び勧告〉』2012年。
3）文部科学省委託調査「「生涯学習施策に関する調査研究～関係機関と連携した家庭教育支援の取組及び地域における　家庭教育支援の実施状況について～」2016年。
4）全国都道府県教育長協議会第2部会「今後の家庭教育支援の在り方について～定量的な効果検証の試みと好事例の収集～」2017年。
5）2014年には、「家庭教育支援チームの在り方に関する検討委員会」において、訪問型家庭教育支援が提言されており、手引書も作成されている。

参 考 文 献

伊藤良高・大津尚志・中谷彪編『新教育基本法のフロンティア』晃洋書房、2010年。
伊藤良高・中谷彪編『教育と教師のフロンティア』晃洋書房、2013年。
田沼茂紀『人間力を育む道徳教育の理論と方法』北樹出版、2011年。

第10章 保育所・幼稚園等保育施設における道徳教育

はじめに

　本章では、保育所・幼稚園等保育施設（以下、保育施設と略）における道徳教育とはいかなるものか、また、保育士や幼稚園教諭等保育者（以下、保育者と略）は子どもの道徳性をどのように育んでいくのかについて論じるものである。

　さて、保育、幼児教育における道徳性については、平成29年告示の新しい幼稚園教育要領（以下、教育要領と略）及び保育所保育指針（以下、保育指針と略）並びに幼保連携型認定こども園教育・保育要領で、新たにそれぞれに「育みたい資質・能力及び『幼児期の終わりまでに育ってほしい姿』」が示された。そのなかに「道徳性・規範意識の芽生え」があり、そこでは「友達と様々な体験を重ねる中で、してよいことや悪いことが分かり、自分の行動を振り返ったり、友達の気持ちに共感したりし、相手の立場に立って行動するようになる。また、きまりを守る必要性が分かり、自分の気持ちを調整し、友達と折り合いを付けながら、きまりをつくったり、守ったりするようになる」と示されている。このように、日本における保育・幼児教育のガイドラインで道徳について、その育ちのあり方が示された。また、子どもが家庭以外で、はじめて接する他者（大人や子ども）は保育者や保育施設に通う他の子どもであり、子どもの成長発達にとって両者は重要な意味を持つと考えられる。

　そこで、子どもが家庭以外で、はじめて接する他者（大人や子ども）は保育者や保育施設に通う他の子どもであり、子どもの成長発達にとって両者は重要な意味を持つと考えられる。子どもの道徳教育を考えた場合、家庭教育だけでなく、子どもの道徳心の醸成においては、保育者や他の子どもとの関わりから学ぶところは大きい。その中でも、子どもが一日の中で長い時間共に過ごす保育者との関わりが重要な意味を持つことを理解しておく必要がある。つまり、子どもは家庭を離れ、保育施設という社会（はじめての集団生活）の中で仲間（他の

子どもたち）、保育者との人間関係の中から規範意識や倫理観などの道徳性が芽生え培われていくのである。

　そこで、以下ではまず、「幼稚園教育における道徳性の芽生えを培うための事例集」（以下、事例集と略）と「教育要領」「保育指針」から保育施設の道徳教育について概観する。それを踏まえ、第1に「保育者と子どもとの関わりからみた道徳教育」、第2に「保育者間の関係性からみた道徳教育」、第3に「環境を通じた保育と道徳教育」の3つの視点から子どもの道徳教育について論述していきたい。

１　保育施設における「道徳教育」について

1　「幼稚園教育における道徳性の芽生えを培うための事例集」から

　「事例集」をみると、道徳性の芽生えを培うためには、第1は、他者との信頼関係が重要である。乳児は自身の快、不快を養育者に伝えたり、養育者に合わせて対応するなど養育者とのやり取りを通して、生活リズムを身に付けていく。他者との信頼関係が構築されることで、乳児は無意識ではあるが、社会生活を行う上で必要なルールに合う行動をとることにつながると指摘されている[1]。第2は、身近な大人との関わりである。幼児期には基本的に他律的な道徳性を持つ時期であり、信頼する大人の言うことを正しいと考え、それに従う傾向が強い[2]。この点からも、子どもにとって身近な大人の行動様式、道徳性が子どもの道徳心の醸成に影響を与えることが理解できる。第3は、幼児期の遊びと道徳性の涵養についての関係である。幼児は遊びの中で仲間との関わりを通してものの見方が発達し、相手の心を傷つけたことなど、他者の気持ちを考えることで相手のことを思いやることが出来るようになっていく。また、幼児は友だちと一緒に遊ぶ中で、楽しく遊ぶためにはルールに従う必要があることを学ぶ[3]。このように、幼児期の道徳性の発達を促すためには、身近な大人による働きかけ、子ども同士（仲間）とのやり取り、他者との信頼関係が重要であることが指摘されている[4]。

2　「幼稚園教育要領」から

　「教育要領」では、「第2章ねらい及び内容」の「人間関係」において「1 ねらい」「（3）社会生活における望ましい習慣や態度を身に付ける」や「2 内容」

「（9）よいことや悪いことがあることに気付き、考えながら行動する」「（10）友達とのかかわりを深め、思いやりをもつ」「（11）友達と楽しく生活する中できまりの大切さに気付き、守ろうとする」など幼児期に身に付けるべき道徳性について示されている。

また、「3 内容の取扱い」では、「（4）道徳性の芽生えを培うに当たっては、基本的な生活習慣の形成を図るとともに、幼児が他の幼児と関わりの中で他人の存在に気付き、相手を尊重する気持ちを持って行動できるようにし、また、自然や身近な動植物に親しむことなどを通じて豊かな心情が育つようにすること。特に、人に対する信頼感や思いやりの気持ちは、葛藤やつまずきをも経験し、それらを乗り越えることにより次第に芽生えてくることに配慮すること」と示され、さらに「（5）集団の生活を通して、幼児が人との関わりを深め、規範意識の芽生えが培われることを考慮し、幼児が教師との信頼関係に支えられて自己を発揮する中で、互いに思いを主張し、折り合いを付ける体験をし、きまりの必要性などに気付き、自分の気持ちを調整する力が育つようにすること」と記されている。[5]また、幼稚園教育要領解説（文部科学省　平成30年2月）（以下、解説と略）では、「様々なやり取りをする中で、自分や他者の気持ち、自他の行動の結果などに徐々に気付くようになり、道徳性の芽生えをより確かなものにしていく」。さらに、「教師の言動の影響は大きい。特に、生命や人権に関わることなど人としてしてはいけないことに対しては、悪いと明確に示す必要がある。このように、教師はときには、善悪を直接的に示したり、また、集団生活のきまりに従うように促したりすることも必要になる」と述べている。[6]つまり、解説では教師が幼児に対して、行動の何が悪かったのかを考えることができるような働きかけをする必要があるとし、人がしてはいけないことは「悪い行為である」ということを明確に示す必要がある、と指摘している。つまり、解説では教師が幼児に対して、行動の何が悪かったのかを考えることができるような働きかけをする必要があるとし、人がしてはいけないことは「悪い行為である」ということを明確に示す必要がある、と指摘している。[7]

3 「保育所保育指針」から

先述したように保育指針では、「幼児期の終わりまでに育ってほしい姿」で「道徳性・規範意識の芽生えとして」が示されている。また、「第2章　保育の内容」「3　3歳以上児の保育に関するねらい及び内容」「（2）ねらい及び内容」「イ

人間関係」「ウ　内容の取扱い」において、「④ 道徳性の芽生えを培うに当たっては、基本的な生活習慣の形成を図るとともに、子どもが他の子どもとの関わりの中で他人の存在に気付き、相手を尊重する気持ちをもって行動できるようにし、また、自然や身近な動植物に親しむことなどを通して豊かな心情が育つようにすること。特に、人に対する信頼感や思いやりの気持ちは、葛藤やつまずきをも体験し、それらを乗り越えることにより次第に芽生えてくることに配慮すること。」と示されている。[8]

　この点について、保育所保育指針解説（厚生労働省、平成30年 2 月）（以下、指針解説と略）では、「幼児期から繰り返し経験する生活の中で規則性や秩序に気付いたり、物を壊したり、相手を泣かしたりすると顔色を変えたり、あるいは泣いている子を慰めようとしたりするなど、道徳性の芽生えは存在している」とし、また、「子どもは他者と様々なやり取りをする中で、自分や他者の気持ち、自他の行動の結果などに徐々に気付くようになり、道徳性の芽生えをより確かなものにしていく」と述べている。さらに、「葛藤の体験は子どもにとって大切な学びの機会であるが、いざこざや言葉のやり取りが激しかったり、長い間続いたりしている場合には仲立ちをすることも大切である」。「子どもがなかなか気持ちを立て直すことができそうにない場合には、保育士等が子どもの心の拠りどころとなり、適切な援助をする必要もある」と指摘している。[9]

　つまり、幼児期の道徳性の芽生えは、それが生活の中で存在していることを保育者は理解する必要があり、子どもは、生活における子ども同士の関わりや保育者や身近な大人との関わりのなかで、道徳性を身に付けていくのである。そして、子ども同士のいざこざなどにより葛藤するなかで保育者は子どもの心の拠りどころになることによって、子どもの道徳性が育まれるのである。

　最後に、指針解説では、「基本的な生活習慣の形成において、自立心を育み、自己発揮と自己抑制の調和のとれた自律性を育てることは、道徳性の芽生えを培うことと深く関わることである」と締めくくっている。[10]すなわち、基本的な生活習慣の形成を図ることは、道徳性の獲得と同時に、自立心、自己抑制の力を育むのである。この点に留意し保育者は子どもと関わることを意識する必要がある。

2 保育者と子どもの関わりからみた道徳教育

　保育者と子どもの信頼関係を築くためには、子どもが保育者に受容・共感されることによる安心感が必要である。この安心感が子どもの保育施設での生活に安定をもたらすと考えられる。同時に、保育者と子どもの関係が安定していることは、子ども同士の関係も上手く形成することができると指摘されている[11]。つまり、保育者と子どもの関係性が子ども同士の関わりにも影響を与えることを保育者は留意しておくことが必要となる。

　特に保育者と子どもの関係が安定している場合、子どもはより保育者の行動を模倣（モデリング）しやすいとの指摘もある[12]。両者の関係性が安定することで、保育者の道徳性、規範行動などが子どもにより伝わり、子どもは保育者の行動から道徳心（人としてあるべき姿）を学ぶことができるのである。ある意味、道徳とは何か、を子どもに言葉で伝える（教育指導）よりも、保育者の保育姿勢、子どもへの関わり、他者（他の子ども）との関わりを子どもが身近に見たり、接したりすることで、子どもは道徳性を身につけていくといえる。コント・アンドレ (Comte-Sponville, A.)[13] は「徳が教えられるものだとすれば、それは書物によってよりもむしろ実例によってであろう」とも述べている。つまり、幼児期の子どもの生活の場でもある、保育施設では、道徳を教育として子どもに伝えるよりも、保育者が範を示すことが重要である。言葉で親切、思いやり、礼儀正しさ、誠実、感謝など道徳性の必要について諭すことも必要ではあるが、最も子どもに身近な存在である保育者が態度や行動で示すことの大切さを言い表しているのではないだろうか。

　保育施設において道徳性を培うためには「やらなければならない」、「そうしなければならない」といった行為を一方的に教えるのではなく、人に感謝すれば「ありがとう」とお礼を言い、自分の行動で悪いことをした、相手が傷ついたり、困らせたりしたと思えば「ごめんなさい」と言えるような環境設定及び保育者の仲介、介入、そして、保育者がそのモデルになるということを意識しておく必要がある。

3　保育者間の関係性から子どもの道徳教育を考える

　本節では、保育者間の関係性から子どもの道徳教育を考える。第 2 節では、保育者と子どもの関係性から道徳について考えてきた。子どもの道徳性を培う 1 つの要因として、保育者と子どもの良好な関係性が子どもの安定につながり、子どもが保育者を模倣（モデリング）することで道徳心を身につけるための基礎ができると論じた。

　では、保育者と保育者の関係性についてはどうであろうか。保育者間の人間関係は保育（子どもたち）に大きな影響を与えることは言うまでもない。例えば、クラス担任が複数担任で、それぞれの保育者同士が違った保育方針、保育指導を行った場合、子どもはどちらの保育者の言うことに従うのか迷いが生じる。この状態をダブルバインドというが、このような矛盾した養護や教育を受けた子どもは道徳性が身につきにくいとの指摘もある。[14] つまり、保育者が子どもと関わる場合、子どもとの関係性だけに目を向けるのではなく、保育者同士の関係性にも留意することが必要である。複数の保育者が矛盾した保育を行う場合は、多くの場合、保育者間の人間関係に問題が生じていることが多くこの点については、留意する必要がある。[15]

　また、保育者間の良好な人間関係は子どものモデルでもある。保育者が他の保育者を気遣い、支え合い、協力・協働しながら職務を遂行する、その姿は子どもの目にも映っているのである。それは、子ども同士の関わりにも反映され、子ども同士の関係を構築する場合、この保育者間の関係から学んでいることを知っておかなければならない。つまり、子どもは 1 人の保育者の言動や価値観だけでなく、保育者間のやり取りや関係性の作り方をも模倣する可能性があることを理解しておくことが必要である。

　そして、保育者間の人間関係を良好なものにしていくためには 1 人 1 人の保育者が自身の価値観や偏見に気づくための自己覚知、そして、他者の考えを尊重し理解するための他者理解、さらに保育施設における職位上の立場や役割を理解した上で、互いが個人を尊重するなどソーシャルワークの視点を持つことも有効であろう。保育者間の良好な人間関係はそのまま良好な職場環境となり、良好な職場環境は子どもにとっても適切な育ちの場となる。その結果として、子どもが保育者をモデルとし互いを認め合う環境が醸成され、道徳性も育

まれるのではないだろうか。つまり、1人1人の保育者が保育者間の関係性に留意し、保育施設の人間関係を良好に保とうとすることが子どもの成長発達に寄与することにもつながることを理解しておくことが必要であろう。

4 環境を通じた保育と道徳教育

幼児期は、道徳性が芽生え培われていく大切な時期である。日本における就学前教育（保育施設などによる教育）では、中尾が指摘するように「道徳性の芽生えを培う」とされ、道徳心、道徳性について直接教育する仕組みとはなっていないともいえる[16]。つまり、幼児期の道徳教育は、生活の中で体験することを通じて学ぶことが必要であり、保育施設においては人や自然との関わりを支える環境作り、それを見守り支援する保育者の子どもとの関わりが重要である。それは、言葉だけで子どもに道徳を教育するのではなく、保育者の姿、関わりから子どもの道徳性の芽生えを培う試みであるともいえる。この点について倉橋惣三の言葉を引用する[17]。

　　……略……たとえば子供が正直な事をするにしても、「かくかくの事が正直である」と知ったり、あるいは「自分が今、正直をしている」と気がつく事のないようにしたいものだと思うのであります。つまり道徳を出来るだけ意識的にさせないようにしたいのであります。

幼児期の道徳性の芽生えを支えるためには、倉橋が述べているように、子どもに対して「道徳を出来るだけ意識的にさせないように」という点にも留意する必要がある。つまり、「これは良いこと、これは悪いこと」、と保育者が言葉で説明するのではなく、日頃の保育の中で自然に子どもが「良いこと悪いこと」を感じること、学ぶことができるように保育環境を設定することが重要である。幼児期の子どもに道徳教育を行う場合は、道徳の知識を伝えることも必要であるが、それ以上に、保育実践の中から、子ども同士で遊ぶ、自然とふれあうことなどで想像力や感性を培い、他者の存在に気づくことで相手を思いやり、自身の感情をコントロールするなどの体験を通じて、道徳性を培う基礎が育れていくのである。このような保育環境を築いていくことも保育者の役割である。

おわりに

　これまで幼児期の保育施設における道徳教育について概観してきた。幼児期は道徳性の基礎を培う時期であり、道徳とは何かを学ぶよりも、保育者の姿や保育者や子どもとの関わりの中から、道徳性が芽生え人格形成が行われていくと考えることができる。すなわち、子どもは様々な人との関わりや自然体験などの経験、実践を通して「良いことや悪いことがあることに気づくこと」といった道徳心を身につけていくのである。しかしながら、1 点付け加えるならば、だからといってただ単に、行動から学ぶというだけでなく、発達段階に応じて子どもが理解できるように創意工夫しながら道徳（ここでは、良いこと悪いこと）について、伝えていくことも必要であることは言うまでもない。

　┃演習問題┃
　1．保育施設における子どもの道徳性を培うことを目的とした指導案を作成してみよう。
　2．「幼稚園教育要領」及び「保育所保育指針」から道徳性の涵養に関する事柄をまとめてみよう。
　3．幼児期の人間関係と道徳性の涵養との関係についてまとめてみよう。

注
1）文部科学省『幼稚園教育における道徳性の芽生えを培うための事例集』ひかりのくに、2001年、3 頁。
2）同上、5 頁。
3）同上、7 頁。
4）同上、9-11頁。
5）文部科学省『幼稚園教育要領』建帛社、2008年、4-5 頁。
6）文部科学省『幼稚園教育要領』2017年 3 月。
7）文部科学省『幼稚園教育要領解説』http://www.mext.go.jp/a_menu/shotou/new-cs/youryou/youkaisetsu.pdf
8）厚生労働省『保育所保育指針』2017年 3 月。
9）厚生労働省『保育所保育指針解説』2018年 2 月。
10）同上。
11）常田秀子「乳幼児保育と発達」、井上建治・久保ゆかり編『子どもの社会的発達』東京大学出版会、2007年、75-76頁。

12）同上。

13）アンドレ・コント゠スポンヴェル（中村昇・小須田健・コリーヌ・カンタン訳）『ささやかながら、徳について——よりよく生きるための技法——』紀伊國屋書店、1999年、7頁。

14）白川前掲、87頁。

15）この点については、保育現場経験者（実務経験20年を超える主任保育士）からの聞き取りである。保育施設における保育士間の人間関係が良好であることが、より良い保育につながると指摘している。

16）椋木香子「幼児教育施設での道徳性育成の方法に関する一考察」『宮崎学園短期大学紀要』4号、2011年、103-109頁。

17）倉橋惣三『倉橋惣三選集　第2巻』フレーベル館、1977年、221頁。

第11章　道徳教育と宗教教育

はじめに

　戦後の日本社会における自殺や殺人など、人の命を軽視する事件などから、健全な人格の形成のためには、宗教的な心情や情操を育む教育が公立学校での道徳教育においても必要ではないか、との主張もみられるようになっている。[1]

　しかしながら現在の学校教育では、日本国憲法や教育基本法の政教分離規定を厳密に解釈して、道徳教育の中では、宗教的な要素はほとんど入っていない。

　本章では以上の現状を踏まえて、宗教教育の内容を明らかにし、公立学校での実施の可能性を探る。次に道徳教育の中で宗教的な要素を取り入れることの教育的意義を検討し、最後に今後の課題について述べる。

１　宗教教育のとらえ方

　一口に「宗教教育」といっても、その内容によっていくつかのタイプに分けられる。一般的には、宗派教育・宗教知識教育、宗教的情操教育の３つに分けている。[2]宗派教育とは、特定の宗教・宗派の教えを基に信仰を促したり、布教を目的としたりする教育であり、宗教系の学校では実施可能であるが、公立学校では禁止されている。宗教知識教育は、宗教に関する客観的な知識を教える教育であり、社会科を中心として行われている。そして、宗教的情操教育は、一般的な宗教性を育む教育であり、道徳教育の中でも求められている教育であるが、公立学校で実施することに関しては議論が分かれている。議論の焦点は、１つには宗教的情操が特定の宗教を通してしか育むことができず、特定の宗教を教えることを禁止する日本国憲法の政教分離規定に反して公立学校では実施できないとする説がある。他方では、特定の宗教に関わらず一般的な宗教的情操があり、それを育むことは公立学校でも可能だとする説との対立である。

では実際はどうであろう。本章ではこの議論には立ち入らないが、結論から言えば「宗教的情操は、特定の宗教から生じる部分もあるが、各宗教に共通する一般的な宗教的情操があり、この部分を育むことは公立学校でも可能である」とする立場をとる。では、なぜそう言えるのか、次節で明らかにする。

2 「宗教的情操教育」の可能性

公立学校でも実施可能な一般的な宗教的情操教育とは、具体的にどのようなものか。論点をまとめると図11-1のようなベン図で表すことができる。

特定宗教の宗派教育の内容を下の左の円で示し、宗教的情操教育全般の内容を右の円で示すと、Aの部分は、特定宗教の成立過程や開祖の伝記などが考えられる。また2つの円が重なったBの部分は、特定宗教についての宗教的情操教育で、キリスト教でいえば「神への愛」「隣人愛」、仏教では「慈悲」などの言葉を用いて宗教的な情操を教授することになる。特定の宗教の教義を深め、布教を目的とする、このAとBの部分は公立学校では扱うことができない。しかしながら右のCの部分は特定の宗教に属さない、つまり公立学校で可能な宗教的情操教育の内容となる。このCの「公立学校で可能な宗教的情操教育」については、2つの内容が考えられる。1つは日本人の伝統的宗教心からくる宗教的情操である。例えば「祖先を敬う」などは、仏教の影響を受けているといわれているが、インドの釈迦が創めた仏教には、祖先を敬えという教えはない。「祖先を敬う」は、日本人の風土的、歴史的に形成された思想で、特定の宗教・宗派によるものではない。また「人間は大自然の恵みを頂いて、生かされている」という自然に対する畏敬の念、あるいは自然に対する脅威、畏れ、また感謝の念も同じく伝統的な日本人の自然観、宗教観からきている。 さら

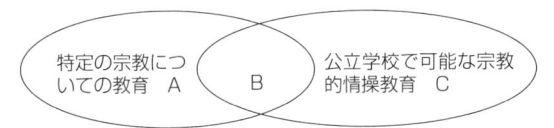

A：特定宗教の成立過程や開祖の伝記などについての内容
B：特定宗教の中での宗教的情操教育
C：公立学校で実施可能な一般的な宗教的情操教育

図11-1　特定宗教および公立学校での宗教的情操教育

に物質的な「もの」にも「いのち」や「こころ（魂）」が宿っているという考え方も、日本人の宗教的情操を考える場合に重要な視点である。例としては針供養や人形供養などがある。こうした特定の宗教・宗派によるものではなく、風土的・歴史的に形成された宗教観については、宗教的情操を育てる内容として公立学校でも可能なものである。いま1つは、各宗教に共通する一般的な宗教的情操である。各宗教では宗教的対象として、神さま、仏さま、あるいは天、大自然、大いなるものなど様々な表現を用いている。こうした宗教的対象はすべて「人間の力を超えたもの」として表すことが可能である。つまり神さまや仏さまではなく、すべてに共通する「人間の力を超えたもの」という表現を用いることで、特定の宗教の対象ではなくなり、公立学校でも使用可能となる。そして宗教的情操とは、そうした「人間の力を超えたもの」に対して敬いと畏れの気持ち、すなわち畏敬の念を抱くことであると表すことができる。

　この「人間の力を超えたもの」という表現は、従来の「道徳の時間」の中でも使われており、2018年4月からスタートした「特別の教科　道徳」（略称 道徳科）の中でも引き続き使用されている[3]。

３　道徳科における「宗教的情操教育」の教育的意義

　前節では、公立学校での宗教的情操教育の可能性について検討した。では、そもそも道徳科の中で宗教的情操の視点を取り入れることに、どのような教育的な意義があるのだろうか。なぜ道徳科のなかに宗教的情操が必要であるのか。

　道徳科においては、教育目標を達成するための指導すべき内容についてAからDまでの4つの視点を設けている。以下においては、この4つの視点ごとに道徳科において宗教的情操の視点を入れることの教育意義について論じる。

　最初の「A　主として自分自身に関すること」の視点では、教育上の意義としては、「『人格の完成』に寄与する」という点である。「人格の完成」は、教育基本法の中では、「教育の目的」として位置付けられている[4]。教育基本法の制定に関わった法学者である田中耕太郎は「多くの宗教は人間と社会の道徳的向上に資するところがきわめて大である[5]」と道徳と宗教の関係を強調している。そのうえで、「人格の完成」については「理想的の型が如何なるものであるかは、不完全な現実の人間からではなくて、古来存在するところの宗教や世界観の諸体系に求められなければならない。（中略）完成された人格は、経験的人間には

求め得られない。それは結局超人間的世界すなわち宗教に求めるほかはないのである」と述べ、宗教的なものを抜きにしては「人格の完成」は有り得ないと説いている。小川は「教育が人格の完成を目指すものである以上、実践の動機づけの性格をもち、究極的なものを求める宗教的情操を無視することはできない。(中略) 人格の完成を目指すなかに宗教的なものとの関わりは大きく作用しているものと考えられる[6]」と述べ、宗教的情操が「人格の完成」の動機づけにもなることを明らかにしている。このように道徳科において、宗教的情操の視点を入れることが「人格の完成」に寄与するという教育的意義がある。

　次の2点目の「B　主として人との関わりに関すること」の視点からみると、「垂直軸の道徳に寄与する」という点である。「垂直軸」については既に明治の末期 (1911年) に、新渡戸稲造が、『修養』の中で、その重要性を主張している。新渡戸は、この本の中で、青年時代における「志」のあり方を問うて「人間は縦の空気をも呼吸せよ」と主張している。すなわち「人生は社会のホリゾンタル (水平線) 的関係のみにて活るものではない」のであって「人は人間と人間とのみならず、人間以上のものとの関係がある、ヴァーチカル—垂直線的関係のあることを自覚」せねばならないと説いている。但し、人間との垂直的関係とは、キリスト教の神や、仏教の阿弥陀仏など特定のものとの関係を指しているのではなく「人間以上のものがある。そのあるものと関係を結ぶことを考えれば、それで可い」のであり、そうすることによって「始めて根本的に自己の方針を定めることが出来る[7]」と断言している。現在の道徳教育に関しても、垂直軸の道徳について貝塚は、「道徳とは他者との関係をより善く構築するための知恵である」とした上で、「『他者』は目に見える水平の関係でとらえがちだが、それだけでなく、自分の生命が受け継がれてきた祖父母から父母、自分という垂直の関係も重要である。水平と垂直の関係が交わった所に今日の自分があるという実感がないと、『他者』とどう関わればいいのか分からないし、同時に自分とは何かということも理解できない[8]」と結論づけている。現在の自分から、親、祖父母、さらに亡くなった方々、そして先祖、さらにその元の「人間の力を超えたもの」を加えることによって、垂直軸の道徳はより充実したものとすることができる。

　3点目の「C　主として集団や社会との関わりに関すること」の視点からみると「規範意識の形成に寄与する」という点である。宗教的な視点からを用いることによって、他人が見ているかどうか関係なく、人間を超えた目に見えな

い存在を意識することによって、悪行を慎まねばならないという心情を培って
いく。同じように、善い行いを積極的に行おうという規範意識が生まれてくる。
すなわち、悪行を抑制し、善行を促進する。これについて村田は「今日生ある
のは、目には見えない何か大いなる力に支えられ、助けられているからではな
かろうかと思うに至る。悪いことはできない。誤魔化すことはできない。誰に
も知られていないと思ってはいても、大いなるものには知られている。（中略）
それに背くことには、畏れを感じる。ここに宗教心が生じてくるのではなかろ
うか」と述べ、大いなるものの影響力を明らかにしている。こうした「自分が
見られている」という意識について高辻は「（かつて日本では）親は子供に対して、
人が居なくても『仏様が見ている』、『お天道様に恥ずかしい』、『ご先祖様の恥』
と諭し、子供が他人に迷惑をかけると『家の恥』となり、親は村八分的なペナ
ルティを受けた」。したがって、「子供は教えを守り自らを律した。神や仏が生
活に存在し、畏敬の念や恐れを持って生活の規範としていた」と、日本人の宗
教心と関連づけている。このように宗教的情操の視点を用いることが、善い行
動を促進し、悪い行動を強く抑制するという道徳的行為につながり、それが私
たちの規範意識の形成に寄与しているのである。

　最後の4点目の「D　主として生命や自然、崇高なものとの関わりに関する
こと」の視点からみると、宗教的情操を育成することが「『生きていることに
対する感謝と責任の自覚』に寄与する」ということである。一般に人間は、自
分の力で、また自分の意志で生きていると思っている。しかし心臓の働き1つ
をとってみても、自分の意志で動かしているのではないことが分かる。心臓だ
けでなく、すべての臓器は自分の意志で動かしているのではない。つまり、人
間は「生きている」のではなく、「生かされている」存在であることがわかる。
では何によって、または誰によって生かされているのかといえば、究極的には
「人間の力を超えたもの」としか表現のしようがないことが分かる。こうして「人
間の力を超えたもの」によって生かされていると感じることで、生きているこ
とに対して感謝の念が生じてくる。この考え方は、自分自身だけでなく、他者
に対する「思いやり」や「優しさ」にもつながってくる。また「生きているこ
とに対する感謝」は自分や他者に対してだけでなく、先人たちの存在があれば
こそ現在の自分があり、これが先人に対する感謝や慰霊という宗教的情操の形
成になる。また従来の道徳では、いのちの偶然性がいわれている。たしかに自
然科学的に見れば、精子が卵子に出会い生命が誕生するのは、偶然の産物であ

るともいえる。しかし、いのちの「偶然性」だけでは、生きるに値する生という考え方が生じにくいのではなかろうか。偶然に生まれたのであれば、自分の存在価値は希薄になり、その場限り、その時限りの生き方になる。しかしながら「人間の力を超えたもの」によって特別に与えられたいのち、すなわち「価値がある存在として必然的に生まれたいのち」いう考え方に立てば、自分の役割や、自分の責任に自覚が生まれ、それが「生きる力」となってくる。このように「人間の力を超えたもの」を認識することで、「生きているいのち」ではなく、「生かされているいのち」であることが分かり、「生かされているいのち」は「偶然性」のものではなく、「必然性」をもつという道徳的な心情につながってくる。

　以上が、道徳科において宗教的情操の視点を入れることの教育的意義である。

おわりに

　本章では、公立学校における宗教的情操教育の可能性、および道徳科における教育的意義を明らかにした。

　今後の課題としては、宗教的情操教育の意義を基にしながら、具体的な教材や実践的な指導案を開発することである。

演習問題

1．宗教的情操教育が公立学校で実施可能とする説と、不可とする説のそれぞれの論点をまとめてみよう。
2．「人間の力を超えたものへの畏敬の念」をテーマとした指導案を、宗教的情操の視点で書いてみよう。
3．生命尊重の教育を考えるとき、「命の教育」と表現する場合と、「いのちの教育」と表現する場合がある。それぞれの違いを明らかにしてみよう。

注
1）たとえば、2003年の中央教育審議会の答申では、「人格の形成を図る上で、宗教的情操をはぐくむことは、大変重要である。現在、学校教育において、宗教的情操に関連する教育として、道徳を中心とする教育活動の中で、様々な取組が進められているところであり、今後その一層の充実を図ることが必要である」として、宗教的情操教育については、今後「一層の充実」を図るべきことを強調している。

2）井上順孝編『現代宗教事典』弘文堂、2005年。日本公民教育学会編『公民教育事典』第一学習社、2009年、等による。

3）1970年の中学校学習指導要領道徳では「人間の力を越えたものを感じとることのできる心情を養うこと」とあり、1978年の改訂時から「人間の力を超えたものに対して畏敬の念をもつ」となり、この表現が現在まで続いている。ただし、この表現が「宗教的情操」であると直接規定しているわけではない。しかしながら、1998年の中央教育審議会の答申の中で「宗教的な情操をはぐくむ上で、我が国における家庭内の年中行事や催事の持つ意義は大きい。（略）例えば、初詣や節分で無病息災を祈ったり、家族一緒に墓参りをしたりして先祖と自分との関係に思いを馳せることなどを通して、人間の力を超えたものに対する畏敬の念を深めるなど、宗教的な情操をはぐくむ貴重な契機となってきた」（下線は筆者）と述べられている。したがって、「人間の力を超えたものに対する畏敬の念」が「宗教的情操」であると理解することができる。

4）「人格の完成」が教育の目的であることは、新旧の教育基本法に共通している。

5）田中耕太郎『教育基本法の理論』有斐閣、1961年、79、536頁。

6）小川一郎「学校教育における宗教的情操の涵養をめぐる諸問題」『マテシス・ウニウェルサリス』獨協大学国際教養学部言語文化学科、2003年、67頁。

7）新渡戸稲造『修養』実業之日本社、1923年、54-55頁。

8）貝塚茂樹「道徳の教科化と宗教教育の必要性」『宗教新聞』宗教新聞社、2015年2月20日付。

9）村田昇『道徳教育の本質と実践原理』玉川大学出版部、2011年、68頁。

10）高辻清敏「道徳教育と宗教心」『道徳と教育』319号、日本道徳教育学会、2004年、375頁。

11）文部科学省『私たちの道徳』2014年、99頁。

参 考 文 献

越前喜六『わたしの「宗教の教育法」──宗教の原理と方法論──』サンパウロ、2011年。
貝塚茂樹『道徳教育の取扱説明書──教科化の必要性を考える──』学術出版会、2012年。
宗教教育研究会編『宗教を考える教育』教文館、2010年。
中西真彦他『道徳教育の根拠を問う──大自然の摂理に学ぶ──』学文社、2015年。

コラム3

▶東京都品川区の独自教科「市民科」が投げかけるもの

「市民科」とは？

　東京都品川区では、2000年前後から自治体独自の学校教育改革を進めてきた。その中でも、品川区が2006年度から「小中一貫教育」を導入する際、教科として創設された「市民科」は、全国の自治体の中でもいち早く独自のカリキュラム開発に着手した例として注目されてきた。

　では、品川区ではなぜ「市民科」が作られたのか。品川区の「市民科」は、子ども達の成長に対して、あるいは子ども達が多くの情報に曝（さら）されている今日の社会状況に対して、これまでの道徳の時間及び特別活動はどの程度効果のあるものだったのだろうか、という危機意識・課題意識から出発している。こうした認識の下で品川区では、教員が従来の消極的指導から脱却し、社会を形成していく教養ある市民として身につけておかなければならない項目をしっかりと子ども達に教えることができるように、道徳・特別活動・総合的な学習の時間の3つを統合し、独自の教科として「市民科」を新設した。

　品川区が作成した『品川区小中一貫教育要領』（2010年改正版）によれば、品川区の「市民科」は、「将来にわたり教養豊かで品格のある人間形成を目指し、児童・生徒1人1人が自らの在り方や生き方を自覚し、生きる筋道を見付けながら自らの人生観を構築する基礎となる資質と能力を育成する」ことを目的としている。この「市民科」では、子ども達が生きていく上で必要な資質として、7つの資質（主体性、積極性、適応性、公徳性、論理性、実行性、創造性）が設定されている。さらに、図1のように、日常生活において遭遇する様々な場面、状況、条件に対する5つの領域が設けられている。その上で、実践場面で活用できる態度や行動様式、対処方法として、5つの領域それぞれに3つずつの能力、すなわち15能力

5領域	15能力
①自己管理領域	自己管理能力、生活適応能力、責任遂行能力
②人間関係形成領域	集団適応能力、自他理解能力、コミュニケーション能力
③自治的活動領域	自治的活動能力、道徳実践能力、社会的判断・行動能力
④文化創造領域	文化活動能力、企画・表現能力、自己修養能力
⑤将来設計領域	社会的役割遂行能力、社会認識能力、将来志向能力

図1　「5領域・15能力」

出典：『品川区小中一貫教育要領』より筆者が作成。

を育成することが求められている。その教育方法は、基本的に子ども達による体験学習が重視されている一方で、教員には自らの生き方や人生観の明示なども求められている。また、「（１）個の自立」から「（２）他者とのかかわり」「（３）集団や社会とのかかわり」「（４）自己を生かし高める意欲」「（５）将来に対する意志」までのねらいを低学年から段階的・系統的に習得させていることも、教育方法に関する特徴の１つであり、徹底した実学主義に立っている。

　ここまで品川区の「市民科」について概観してきたが、品川区の「市民科」をめぐっては、これまで様々な議論が展開されてきた。以下では、特別の教科として位置づけられることとなった「道徳」の動向も踏まえ、「市民科」をめぐる論点を３つにまとめたい。

論点１：道徳教育をめぐる独自性と共通性──地方分権か中央集権か

　品川区では、2003年に政府の構造改革特区制度の認可を受けたことで、それまで国の方針に依存して行われていた地方での教育実践を、自治体として独自に作り上げ、国の基準である学習指導要領に拠らない教育を実践してきた。そうした中、文部科学省の有識者懇談会において道徳を教科に格上げするといった議論が浮上し、2018年度から小学校等で「特別の教科 道徳」が新設されることとなった。

　上記のように、品川区の「市民科」は、道徳・特別活動・総合的な学習の時間を統合した教科であり、品川区での道徳は、すでにこの「市民科」という独自教科において実践が展開されてきた。それではこの「市民科」は、国が設ける特別の教科としての「道徳」とどのように整合性をとるのだろうか。

　品川区によれば、独自の教科である「市民科」はこれまで通り継続させ、その中で道徳的な内容も扱っていく。したがって、新たな時間配分は行われない。さらに、従来通り「市民科」において上記の７つの資質・15能力を確実に育成することで、国が道徳教育として求めている資質・能力も担保できるとしている。教科書については、これまで使用されてきた図２のような「市民科」教科書と、「特別の教科 道徳」の教科書を併用しながら活用していくという。そして内容が重なる部分については今後、「市民科」の教科書を改訂し、より活用しやすいように改善していく見込みだという。

　一方、文部科学省の方でも、品川区の「市民科」については「道徳教育の充実に関する懇談会」において検討が行われ、道徳の教科化の際に参考にされたという経緯がある。実際に、国が打ち出した「特別の教科 道徳」と品川区の「市民科」は、教科名こそ異なるものの、教科書の活用や担任の教員が指導を行うといった

教育方法、記述式の成績評価方法など、似ている点が多く見られる。こうした教育課程改革をめぐる国と地方自治体の連携・相互依存も、品川区の独自教科「市民科」を通して垣間見られる。

　論点2：道徳教育は「教科」であるべきか、「視点」としてあるべきか
　そもそも道徳の教科化をめぐっては、賛成派も反対派も、道徳そのものは子どもの成長・発達において必要なもの、という認識で一致しているものと思われる。そこで第2の論点として、道徳教育は学校の教育活動全体を通じたある種の「視点」として教育されるべきか、それとも特設された「教科」であるべきか、という論点が挙げられよう。

　これまでの道徳教育は、学習指導要領においていくつかの教えるべき項目が定められており、それらをどのように子どもたちに身につけさせるかの工夫は各学校に任されてきた。つまり、「視点」としての道徳教育だった。しかしそれでは指導にばらつきが生じ、教育効果としても十分ではない、ということが問題視されるようになり、道徳を「特別の教科」とすることで、全国一律での指導の改善が期待されている。

　一方、品川区の「市民科」では、子どもが自立し自分で物事を判断するための基礎を育てるため、指導すべきことはきちんと指導するというコンセプトを強く打ち出している。「市民科」には図2のような教科書や指導書もあるが、それらを使用するかしないかは教える教員の裁量次第となっており、多くの教員は自作のワークシートを使って授業を行っている。評価については、自己評価・他者評価がなされる他、学期ごとの通知表には、主に扱った領域について活動内容とその成果が記述される。このように品川区では、段階性・系統性を持たせた教科学習により、教員による指導のばらつきはある程度埋められているだろうが、はたしてその教育効果は十分なものになっているだろうか。今後第3者による科学的な検証がなされてしかるべき課題である。

図2　5・6・7年生用「市民科」教科書（教育出版、2011年）

論点 3：価値の対立する内容・論争的問題は扱うべきか否か

「市民科」では、主に小学校低学年の内に、基礎的な道徳律を理屈抜きに徹底的に教え込んでいくことを基本としている。そして小学校高学年からは、社会的に行動するために必要な政治的資質、伝統文化への造詣、経済的資質が育成される。したがって、低学年で習得した道徳的な基礎・基本を前提に、「個にかかわること」から「個と集団・社会をつなぐこと」、「社会にかかわること」へと、学年が上がるにつれて、個人を軸に同心円状に視野を広げていける仕組みになっている。

こうした品川区の「市民科」をめぐっては、社会に対する批判的な目を養ったり、価値の対立する内容や論争的問題を扱ったりといった「政治性」に関わる指導がほとんどなされておらず、生活圏に根差したコミュニティの一員としての自覚を促す側面が色濃い、という問題が指摘されてきた。こうした点について品川区では、近年の18歳選挙権の成立や成人年齢引き下げなどの動向を踏まえ、他教科とも連携させながら先進的な主権者教育のような内容も取り入れ、「市民科」を充実させていきたいとしている。

また品川区の「市民科」では、政治的な判断を伴いながら他者と協同し社会を構築していくという高次の能力を育成する前段階として、上記の目的にあるように、自己を確立する力を育むことをねらいとしている。したがって、品川区の「市民科」で学習した児童・生徒が、その後、小中学校での 9 年間の学習を土台に日本の政治文化に対する批判的な目や政治的判断力を養っていけるかどうかが問われてくるだろう。

コラム 4

▶道徳教育とスクール・カウンセラー、スクール・ソーシャルワーカー

道徳教育といじめの問題

　子ども達の生活状況における問題点として、少子化、都市化、情報化等を背景として、他者との関わり方に困難を感じる子ども達が増えてきていることや、子どもの人間性・社会性をはぐくむ機会が十分ではなく、倫理性や社会規範が低下していることが指摘されている。

　こうした中で、いじめの認知件数も2016年度約32万3143件（2016年度「児童生徒の問題行動・不登校等生徒指導上の諸課題に関する調査」文部科学省初等中等局2018年2月23日）と過去最多に上っており、他者の存在、生命に対しての尊厳と自己覚知と生き方についての考えを深めるための、「心豊かな子どもの育成」が課題となっている。

　国としてもいじめ等の現状に対応するため、改正教育基本法の前文にて、「個人の尊厳を重んじ、真理と正義を希求し、公共の精神を尊び、豊かな人間性と創造性を備えた人間の育成を期するともに……」と改正され、教育目標として、第2条1号に「道徳心を培う」ことが付け加えられた。同時に、文部科学省では、学校教育における道徳教育の意義及び位置づけを、「児童生徒が人間としての在り方を自覚し、人生をよりよく生きるために、その基盤となる道徳性を育成しようとするもの」と教育の目標を掲げている。また、道徳教育の必要性として、「児童生徒が生命を大切にする心や他人を思いやる心、善悪の判断などの規範意識等の道徳心を身に着けることは、とても重要である」（文部科学省初等中等教育局教育課程『私たちの道徳』）と述べている。2015年3月27日の学習指導要領の一部改訂にて、「道徳の時間」（小・中学校で週1時間）を「特別の教科　道徳」として新たに位置づけられ、2018年度から小学校、2019年度から中学校で実施される。小・中学校において指導する道徳の内容は、①「主として自分自身に関すること」、②「主として人との関わりに関すること」、③「主として集団や社会との関わりに関すること」、④「主として生命や自然、崇高なものとの関わりに関すること」、（『学習指導要領』2017年告示、第3章特別の教科　道徳）の4点を挙げ学年毎の道徳教育内容を詳説している。教科目標として、「答えが一つではない課題に子供たちが道徳的に向き合い、考え、議論する」道徳教育への転換により児童生徒の道徳性をはぐくむことが揚げられている。具体的なポイントの内容として、いじめの問題への対応の充実や発達の段階をより一層踏まえた体系的なものに改善し、いじめの問題に対して、「あなたならどうするか」を真正面から問い、自分

自身のこととして多方面から多角的に考え、他の人と議論できる教科づくりをするよう転換を図っている。

　第 2 次安倍内閣に設置された教育再生実行会議の「第 1 次提言（2013年 2 月）」では「いじめ問題を深刻な課題として捉え、本質的な問題解決をすることが大切であり、そのためには道徳教育の重要性を改めて認識することが重要である」と報告されている。また、いじめ防止対策推進法(2013年)第15条第 1 項においては、「学校の設置者及びその設置する学校は、児童等の豊かな情操と道徳心を培い、心の通う対人交流の能力の素地を養うことがいじめの防止に資することを踏まえ、全ての教育活動を通じた道徳教育及び体験活動等の充実を図らなければならない」と規定された。これらにより、学校教育では、いじめの未然防止・早期発見・早期対応として、道徳教育を取り入れている。

いじめ問題に対するスクール・カウンセラーとスクール・ソーシャルワーカーの必要性

　スクール・カウンセラーの中心的職種は、公認心理師・臨床心理士であり、主な業務としては、相談面接を行い、方法としてカウンセリングとコンサルテーションがある。カウンセリングの対象者は、生徒、保護者、教員を含む学校関係者全員である。公認心理師・臨床心理士は、高度な専門的な知識・経験に基づいて相談面接を行っている。特に生徒のカウンセリングでは、学校教員からの依頼によるカウンセリングも必要であるが、生徒のプライバシーが守られた状況で、生徒自身が相談を気軽に希望できるよう、また、生徒からのサインを見逃さないような、スクール・カウンセラーの配置が求められ、1 つの学校に常駐することが望ましいと考えられる。コンサルテーションは、具体的なケースに対し、そのケースの見方、取り扱い方、関わり方などを検討し、的確なコメント、アドバイスを行うものである。

　スクール・ソーシャルワーカーの学校への配置は、2008年度より「スクール・ソーシャルワーカー活用事業（SSW 活用事業）」（文部科学省）として展開されている。選考基準としては、社会福祉士や精神保健福祉士等の資格を有する者ほか、教育と福祉の両面に関して、専門的知識・技術を有し教育や福祉の分野において活動経験のある者としている。スクール・ソーシャルワーカーの業務は、1 人 1 人の生徒を個人と環境に目を向け、問題の要因を生徒個人にあると捉えず、生徒を取り巻く状況まで視野にいれて、問題を見つめる視点を持ち、関係機関（社会資源）に解決への働きかけをすることにある。

　スクール・カウンセラーが臨床心理的地域援助を行うように地域環境へ働き掛けることもあり、また、スクール・ソーシャルワーカーが、生徒に相談面接を行う場合もあり、両者は、業務内容が重なっている場面もある。生徒の心や行動に寄り添う専門性を持つスクール・カウンセラーと、問題に対して、学校内や保護者、地域、学校外の関係機関の専門性を活用し環境を整えることを業務とするスクール・ソーシャルワーカーが協働することは、いじめの問題の解決に効果が期待される。また、学校内で抱える他の問題、例えば、生徒の問題、教員の生徒指導、保護者対応等を解決する報告への期待も持てると思われる。

　「いじめ防止対策推進法」第22条、第23条において、学校は、いじめの発見・通報を受けた場合には、特定の教職員で抱え込まず、専門的知識を有する外部専門家を含み組織的な対応が必要であり、被害児童等への支援や加害児童等（保護者を含む）への指導を行うように、とされている。2016年度「児童生徒の問題行動・不登校等生徒指導上の諸課題に関する調査」（文部科学省初等中等教育局児童生徒課）によると、被害児童生徒への対応は、「スクール・カウンセラー等の相談員が継続的にカウンセリングを行う」が4.4％となっている。また、加害児童生徒への対応は、「スクール・カウンセラー等の相談員がカウンセリングを行う」が2.4％となっており、両者とも決して多い数字ではなく、専門家の活用が望まれる。

教育相談体制の整備・充実

　2015年12月に「教育相談に関する調査研究協力者会議」（文部科学省）を設置し、（1）教育相談の体制の今後の方向性について、（2）スクール・カウンセラー及びスクール・ソーシャルワーカーの役割明確化について、（3）教育相談体制の充実のめの連携の3点についてとりまとめを行った。その結果、（1）未然防止、早期発見及び・支援対応等への体制構築、（2）学校内の関係者がチームとして取り組み、関係機関と連携した体制づくり、（3）教育相談コーディネーターの配置・指名、（4）教育相談体制の点検・評価、（5）教育委員会における支援体制の在り方、（6）活動方針等に関する指針の策定が報告された。これにより、スクール・カウンセラーやスクール・ソーシャルワーカーの役割を学校で十分に理解することの必要性を認識し、初動段階でのアセスメントや関係者への情報伝達を行う教育相談コーディネーター役の教職員が必要である。

　文部科学省初等中等教育局の2018年度概算要求決定事項では、教育相談の充実を行うため、スクール・カウンセラーの配置について、全公立中学校に配置するようにし、生徒指導上の大きな課題を抱える公立中学校では週5日の相談体制を

実施し、常時生徒が相談できる体制づくりを推進している。公立小学校について
は、小中連携型配置の拡充を含む 1 万6500校への配置を推進している。同様に、
スクール・ソーシャルワーカーを配置するため2018年度の配置目標数を7547人と
し、貧困・虐待対策のための重点加配と質向上のためのスーパーバイザーを47人
配置するように予算を計上した。

　また、2015年12月中央教育審議会「チームとしての学校の在り方と今後の改善
方策について（答申）」では、「学校においても、子供を取り巻く状況の変化や複
雑化・困難化した課題に向き合うため、教職員に加え、多様な背景を有する人材
が各々の専門性に応じて、学校運営に参画することにより、学校の教育力・組織
力を、より効果的に高めていくことがこれからの時代に不可欠である」と述べて
いる。

　今後は、スクール・カウンセラー、スクール・ソーシャルワーカーが互いの専
門性を生かしながら協働することが重要不可欠である。同時に、学校現場での
チームの一員としての活動内容と、専門性の質の向上のための研修やスーパーバ
イザーの育成・活用についてさらなる検証が必要となってくると思われる。

コラム5

▶大学・短大等高等教育機関における「道徳教育」
──学生指導の実際──

大学生の規範意識

授業中、教員に隠れて携帯電話やスマートフォンを触る、机に落書きをする、ごみを教室に置いたまま退出するなど、大学生の規範意識の低下が疑われる行為を大学教員であれば少なからず目にしていると思われる。しかしながら、これらの行為が決して許される行為ではないことは大学生ともなれば多くの人が理解していると考えられる。

ある研究報告によると、大学生は特定の人物や集団に迷惑になるような行為に対しては規範意識の低下は見られず、特定ではない誰かに迷惑をあたえるかもしれない行為に対して規範意識が低下していることが示唆されている[1]。

上記の行為も特定ではない誰かに迷惑をあたえるかもしれない行為の一部ではないだろうか。

「初年次教育」としての道徳教育

大学・短大等の高等教育機関のカリキュラムの中に「初年次教育」というものがある。初年次教育とは、高等学校から大学への円滑な移行を図るため、主に大学新入生を対象に作られた総合的教育プログラムのことであり、その重要性は、2008年12月中央教育審議会答申「学士課程教育の構築に向けて」の中で指摘され、学士課程教育の中に明確に位置づけることが提言されている。文部科学省が行った調査によれば、2015年度には721校（全体の97%）の大学が初年次教育を実施している[2]。

初年次教育の内容に関する重視度を2001年と2007年で比較した調査によれば、2001年では「レポートや論文の作成方法」や「図書館の利用・文献の検索方法」などの学習に関連した項目が重視されていたが、2007年には、それらの項目は依然として重視されながらも、「受講態度や礼儀・マナー」や「チームワークを通じての協調性」、「市民としての自覚・責任感」など社会性に関連した項目も重視するようになっている[3]。

社会性に関連した内容を取り入れていることから、「初年次教育」は道徳教育の一端を担っているのではないかと考える。初年次教育を通じて早期に規範意識の向上を図り、学生生活を円滑に進めることに加え、卒業後の学生の質を保証することが大学・短大等高等教育機関での役割の１つになっているのではないかと

考える。

教員と学生との関わりから「道徳教育」を考える

　大学・短大等高等教育機関では教員と学生はどれほど関わりを持っているのだろうか。

　ベネッセ教育総合研究所が行った調査によると、「気軽に相談できる」教員がいると答えた学生は39.3%、「ふだんから気にかけてくれる」教員がいると回答した学生は38.0%、「厳しいことを言ってくれる」教員がいると回答した学生は39.4%、「授業や研究活動以外の場で交流（雑談・食事）がある」と回答した学生は31.5% であった。[4] しかし、これらの項目にあるような教員が１人もいないと回答した学生は42.0% であり、[5] 教員との交流がない学生は多数いると考えられる。同調査の中で、教員の学生への関りは、学生の学習だけでなく、成長・発達の側面でも肯定的な変化をもたらす可能性があると示唆しており、教員は意図的に学生と関わりをもつことが求められるようになるのではないだろうか。

　大学の教員と学生の交流の機会として「オフィスアワー」を設けている教員も少なくないだろう。オフィスアワーとは、教員が学生の相談や質問を受け付けるための時間であるが、オフィスアワーが教員との交流の場になるとは限らない。筆者が在籍する大学でも学期ごとに各教員のオフィスアワーの時間を一覧にし、学生に向けて掲示をしている。しかし、実際は、オフィスアワーの時間以外に学生が訪ねてくることも多く、教員が研究室に在室していれば学生はいつでも立ち寄り、教員と話をしている。他大学に比べると学生との関係は密ではないかと思う。実際、学生と教員との距離が近いというのをよく耳にする。訪れる理由としては、授業に関する質問や相談だけとは限らない。また、教員の時間が許す限り学生と話をしている。実際、筆者の研究室を訪ねてくる学生の中で授業に関する相談や質問をする学生はごく一部であり、大半が学生自身のことである。昨日の出来事を話す学生もいれば、友人関係の悩み、恋愛の相談に来る学生と、会話の内容は多種多様である。相談内容の解決策を探る中で自分の気持ちを整理すること、他者の気持ちを考えることへの手助けを行っている。また、研究室訪問の際のマナーや敬語表現などを収得するいい機会になっているのではないかと思う。

　高等学校までの担任制とは異なり、毎日、学生と顔を合わせるとは限らない大学・短大等高等教育機関の中で、いかにして学生に「道徳」の指導を行うかは、学生１人１人と関わりを持つ機会を積極的に設けることが大切になるのではな

いかと考える。

注
1）牧亮太・宮木景子・湯澤正通「大学生の約束意識と規範的態度」『広島大学心理学研究』第10号、2010年、81-88頁。
2）文部科学省「平成27年度の大学における教育内容等の改革状況について（概要）」2017年。
3）山田礼子「大学における初年次教育の展開――アメリカと日本――」『Journal of quality education（国際教育学会機関誌）』Vol. 2 、2009年、157-174頁。
4）ベネッセ教育総合研究所「第3回　大学生の学習・生活実態調査［2016年］」2018年。
5）同上。

第12章 世界の道徳教育

1 アメリカの道徳教育

　この半世紀、アメリカの道徳教育は、次の3つの段階を経て展開されてきた。第1は、「価値の明確化」と言われる教育方針、第2は「モラルジレンマ」による道徳教育、そして第3は、「キャラクター・エデュケーション」（人格教育）と呼ばれる教育方針である。以下、それぞれについて具体的に紹介していこう。

1　価値の明確化

　第1の「価値の明確化」は、1960〜70年代にかけて行われたものである。そのポイントは、人それぞれの道徳的価値を尊重しながらも、1人1人の子どもたちが、自分自身の道徳的価値を見出せるよう支援し育むという点にある。

　その背景には、いわゆる「教育の人間化」運動がある。60年代、アメリカでは、大量生産型の知識つめ込み教育に対する反動が、至る所で沸き起こっていた。知識偏重から人間性を重視した教育へ、教師主導から子ども中心へ。公民権運動やベトナム反戦運動などの時代背景の後押しもあって、学校教育はこのように、機械的なものから「人間的」なものへと転換することが求められたのである。

　この時代の流れにあって、道徳教育の基本方針もまた、「人間的」であることが強調された。つまり、道徳的価値は、教師によって教え込まれ植えつけられるようなものではなく、各人がそれぞれの道徳的価値を自覚し、明確化することにあるとされたのである。

　一般的には、それは次のような方法で行われた。[1]

　　① 児童・生徒の生活上の問題に注意を向ける。
　　② 児童・生徒の価値の表現をそのまま受け入れ、そのことを伝達していく。

③ さまざまな選択や行為に対して、もっとよく考えるように反省的思考を促す。

④ 自己指導能力を発揮する自信と自己信頼感を育む。

こうした方法を通して、それぞれの子どもたちは、他者の道徳的価値を尊重しながら、自分の価値観を自覚・明確化していくことが求められたのである。

2　モラルジレンマ

さて、しかし70年代に入って、「価値の明確化」を通した道徳教育は、学校現場からある問題をつきつけられることになる。

この方法は、結局のところそれぞれの価値観を表明し合うだけで、道徳性の発達を意図するものではない、そして教師もまた、ただそれぞれの価値観を聞くだけで、その指導性を発揮することができない、という問題である。

そこで登場したのが、コールバーグによって提唱された「モラルジレンマ」授業である。

コールバーグは、道徳的価値観というものが、実は徐々に「発達」していくものであることを主張した。そしてそれは、文化を超えて一定の普遍性を持っていることを明らかにした。

その発達段階を、コールバーグはさしあたり6段階に分け、次のように提示している。[2]

第1段階：罪と服従志向。これは、罰を避けようとして権威に服従する段階である。

第2段階：道具主義的相対主義者志向。これは、自分や他人の欲求を満たすのに役立つ手段を、道徳的と考える段階である。

第3段階：対人関係の調和あるいは「良い子」志向。これは、善い行動とは、人を喜ばせ、人を助け、また人から承認される行動であると考える段階である。

第4段階：「法と秩序」志向。これは、正しい行動とは、自分の義務を果たし、権威を尊重し、既存の社会秩序を、秩序そのもののために維持することにあると考える段階である。

第5段階：社会契約的遵法主義志向。これは、正しさは、憲法に基づいて民主的に合意されたもの以外は、個人的な「価値」や「意見」の問題と

考える段階である。

　第 6 段階：普遍的な倫理的原理志向。これは、自らの価値観が普遍的なものでありうるかを考え、その上で、それに一致した価値観に従う段階である。

　以上の「道徳性発達理論」に基づいて行われる「モラルジレンマ」授業は、次のような特徴を持っている。

　まず、絶対的な答えの見つけにくい、道徳的葛藤状況が子どもたちに提示される。それは例えば、「貧しい人が、病気の妻のために薬を盗むことは道徳的に正しいか？」といった問いである。子どもたちは、この問いについて考え、議論し合う。そして、お互いの意見を尊重し合いながらも、それぞれがある一定の考えに至ることを目指す。

　もちろん、こうした問いに決定的な答えを出すことは難しい。しかしコールバーグは、この「モラルジレンマ」授業を通して、子どもたちが、今ある道徳性の発達段階から次の段階へと至ることを支援しようと考えたのだ。

3　キャラクター・エデュケーション（人格教育）

　しかしこの「モラルジレンマ」授業もまた、やがて学校現場から大きな問題をつきつけられることになる。

　この方法もまた、「価値の明確化」と同じく、結局は人それぞれの価値観を重視するにとどまることになりやすい、そしてそれゆえに、現代の子どもたちが陥っている「価値規範の崩壊」に対して、現実的な処方箋たり得ないと批判されたのである。

　ちなみに、アメリカに限らず日本でも、長らく子どものモラルの「低下」や「崩壊」が叫ばれている。しかしそれが事実かどうか、実はかなり不確かであることが教育社会学者らによって主張されている。"昔"と比べて、"今"の子どもたちのモラルが本当に全体的に低くなっているのかどうか、実を言うとかなり疑わしいのである。むしろそれは、一部の人たちの"思い込み"である部分の方が多いと言っていい。

　そもそも、何をもってモラルの「低下」や「崩壊」と言うか、一義的に決定するのは困難なことである。にもかかわらず、こうした"思い込み"によって教育政策が左右されてきたことを、これまで多くの教育社会学者たちは批判してきた。[3]

　ともあれ、アメリカでは以上のような理由から、1990年代以降、「モラルジ
レンマ」授業から「キャラクター・エデュケーション」（人格教育）へと、道徳
教育のあり方が転換していくことになったのである。それはひと言で言うと、
望ましいとされる徳目を、積極的かつ直接的に教えていこうとする道徳教育で
ある。

　その背景には、1983年に出された、全米に衝撃を与えた『危機に立つ国家』
と題された連邦報告書がある。この報告書において、当時のアメリカの深刻な
学力低下が指摘され、そして学力向上のためには、子どもたちの人格の形成が
必要だと提言されたのである。

　さらに2002年には、いわゆる「落ちこぼれ防止法」が制定され、ここにおい
ても、「キャラクター・エデュケーション」（人格教育）がその１つの要として言
及されている。「キャラクター・エデュケーション」（人格教育）は、90年代以降、
現代に至るまで、アメリカにおける道徳教育の基本方針とされているのである。

　ここで教えるべきとされている道徳的価値には、信用、尊重、責任、公正、
思いやり、市民性、といったものが挙げられる。

　もっともその方法は、こうした価値観を、教材等を通して直接的に教え込む
といったものばかりではない。前述した「モラルジレンマ」の手法が使われる
ことも、あるいは「サービス・ラーニング」を通して行われることもある。

　「サービス・ラーニング」とは、奉仕活動と教科教育とを結びつけた学びの
あり方である。児童生徒は、様々な奉仕活動を行いながら、その過程で、数学、
歴史、社会といった教科を学んでいくのである。それは道徳教育の観点からす
れば、様々な奉仕活動を通して、望ましい道徳性を育んでいくものということ
になる。

　こうした様々な手法を活用しながら、アメリカでは今日、社会的に望ましい
とされる道徳的価値を、子どもたちに積極的に教えていくという道徳教育が一
般に行われている。

2　イギリスの道徳教育

はじめに

　本節では現代のイギリスで行われている「道徳的要素を含む教育」について
みていくが、実はイギリスには道徳教育（moral education など）という教科目が

存在しない。この点ですでに日本の「道徳教育」とはかけ離れたものであることは予想されるだろうが、その展開と具体的内容についてみていこう。

1　イギリスでは「道徳」はどのように教えられたか──カリキュラムの展開──

イギリスでは1870年の初等教育法以来、伝統的に宗教教育において道徳教育が行われてきたが、1970年代に入ると性教育やキャリア教育などを行う PSE（Personal, Social Education）が道徳的要素を含む教育として登場した。1988年にナショナル・カリキュラムが制定されると、PSE はクロス・カリキュラムとして教科を横断して行われることになり、1997年のカリキュラムの改訂以降 PSE は PSHE（Personal, Social and Health Education、のち Personal, Social, Health, and Economic Education）と名を変え、現在に至っている。

一方で1990年代のグローバル化、社会的矛盾の拡大による国民解体の懸念（けねん）、選挙での投票率の低さなどによる「市民性」低下への危機感から、2002年に中等教育において市民性（Citizenship　シティズンシップ）教育が義務化された。

以上により中等教育（Key Stage［以下 K.S.］3＆4：11歳〜16歳）では、宗教教育に加えて PSHE、市民性教育が道徳的な教育内容を担うこととなったのである（初等教育 K.S. 1＆2：5歳〜11歳、では市民性教育は PSHE に含まれる）。

2　PSHE と市民性教育──その内容と方法──

それぞれの内容に触れる前にイギリスの道徳的発達の定義をみておこう。

> 生徒の道徳的発達には、善悪を理解すること、道徳的葛藤、他者への関心、善行への意志について、生徒が理解することが含まれる。彼らは自身の行動を省（かえり）みることができ、または進んでそうしようとし、自らと他者を受け入れる方法について学ぶ。彼らは道徳的決定に責任を持ち、それに基づいて行動するために必要な知識、技術、理解、資質及び態度を発達させる（Department for Education, SMSC general article, 2011）。

まず SMSC とは PSHE と市民性教育に通底するテーマであり、「良い行い、安全、および精神的・道徳的・文化的・社会的発達（spiritual, moral, social, and cultural［SMSC］development）を促進する〜」（PSHE 解説）という文言にその教育目的が要約されている。また日本の学習指導要領における道徳教育の目標と比較すると、「技術」や「道徳的決定（を行う）」「行動する」など、より具体的な

行動やそのための技術の獲得という言葉が特徴的である。

　さて PSHE とは「（生徒が）現在および将来の人生を生きていくために必要な知識や技術を獲得するため」のものであり、その内容は K.S. 1 & 2 では**表12-1**の5項目（K.S. 3 & 4 では4項目）に集約されるが、具体的に取り扱われるテーマはキャリア教育、経済理解、多様性から性教育、薬物教育に至るまで幅広い。カリキュラム上の位置づけは「法令によらないもの」とされ、全教科を通じて行われる。方法は学校裁量に委ねられるが、教育監査局によって特設時間の設置が推奨され、多くの学校では PHSE の特設時間が設けられている。

　市民性教育でも道徳性の育成は明確に位置づけられており、カリキュラムの3つの軸として「社会的道徳的責任」「政治的リテラシー」「コミュニティへの参加」が設定されている。より具体的には「民主主義と独裁」「共同と葛藤」「平等と格差」などの鍵概念のもと、「人間の尊厳と平等性への確信」「寛容の実践」「人権への関心」などの「価値」や「道理にかなった主張を書いたり話したりできる能力」「他者の視角や経験を評価し考慮する能力」などの「スキル」を身に付けようとするものである。K.S. 3 & 4 では専任教員によって行われる。

表12-1　Key Stage 別にみた PSHE の内容

PSHE の内容	K.S. 1 & 2	K. S. 3 & 4
① 自信と責任感を発達させ、能力を最大限に発揮すること	○	○
② 市民としての活動的な役割を果たすための準備	○	―
③ 健康的で安全な生活様式を作り上げること	○	○
④ 人々の間の良い関係を発達させ、差異を尊重すること	○	○
⑤ 学習機会の範囲（学習方法とその範囲）	○	○

出典：*The Nationai Curriculum*, Revised 2004.

表12-2　市民性教育の内容（要約、2014施行の新カリキュラム）

K.S. 3	K.S. 4
◆政治システム、統治形態について。	◆議会制民主主義、司法、立法、行政。
◆議会の活動。選挙、政党の役割など。	◆政治制度、民主的決定への市民参加。
◆英国民が享受する自由について。	◆英国外の統治システムや形態。
◆規則や法の性質、刑法と民法の違い。	◆英国と欧州との関係。
◆警察の役割、裁判所と法廷の機能。	◆民族、宗教等の同一性、相互理解。
◆金融や、個人の経済について。	◆ボランティアへの能動的な参加。

出典：*The Nationai Curriculum in England*, February 2013.

おわりに

　日本の道徳教育においては、教科化、教材の恣意性など、いわゆる「価値の教え込み」が危惧されているが、イギリスの道徳教育においても「価値」に関する教育には抵抗があり、それゆえに慎重に方法が検討されてきた結果がPSHE や市民性教育という方法に結実している。このような知識や行動力、各種のリテラシーを含む「市民性教育」を求める声は日本でも出始めている[8]。

　例えば神奈川県においては、2011年からすべての県立高校で「シチズンシップ教育」[9]が実施されている。「責任ある社会的な行動」「地域社会への積極的な参加」「社会や経済の仕組みについての理解と諸課題の解決」という 3 つの柱のもと、「政治参加教育」「司法参加教育」「消費者教育」「道徳教育」の 4 領域に分けての取り組みが、模擬投票や模擬裁判などの体験的な授業も含めて行われている。また2018年度に同県の「シチズンシップ教育推進プロジェクト」座長に就任した西野偉彦氏のもと、シティズンシップ教育の小・中学校への拡大も目指されている。

③　フランスの道徳教育

はじめに

　2005年には教育基本法（フィヨン法）にて、「学校の第一の使命として国が定めるのは、知識の伝達に加えて、児童・生徒に共和国の価値を共有させることである」と規定された[10]。「共和国の価値」とはなにか。フランスにおいて「憲法的価値」ともいえる、「自由」「平等」「人権の尊重」などは道徳的規範の源泉ともいえる。すなわち、「自由」とは自分および他者の自由を相互に尊重すること、「平等」とは差別を許さないということ、というように日常生活における道徳と結びつく。

　2013年 6 月に制定された共和国の学校の再構築のための基本計画法（国民教育大臣の名前をとって「ペイヨン法」と呼ばれる）第41条で「学校は、とりわけ道徳・市民教育（enseignement moral et civique）を通して、児童・生徒に人とその出自、差異の尊重、男女平等、また非宗教性（ライシテ）の尊重について習得させるものとする」「道徳・市民教育は生徒を責任ある自由な市民へと導き、批判精神とよく考えられた振る舞いを身につけさせるようにする」とある。個人として信仰する宗教がなんであるか、あるいはまったく宗教を信仰しないかにかか

わらず、共通に教えるべき道徳的価値はある、という前提にたっている。それは、「共和国の価値」であり、それを前提にして「市民」として生きることにつながると考えられている。

　ペイヨン法をうけて、義務教育修了までに修得しなければならない、「知識、コンピテンシー（技能）、教養・文化の共通の基礎」が明文化された。5つあるうちのその1つの領域として「人、市民の育成」がある。そこでは「教育とは未来の市民を育成する責任である」と書かれており、「感情や意見を表現すること」「共同生活の規則、とりわけ学級・学校で市民としての礼儀に関する規則を理解し、尊重すること」「言葉の重要性を知り、行動に責任を持つこと」「他者と協力し責任を持つこと」などがいわれている。[11]

1　小学校における道徳教育

　「共通の基礎」の影響もうけて、2015年6月に「道徳・市民教育」科学習指導要領が告示された。[12] 2018年7月に新たなものが告示された。[13] それは「より明快、詳細になる」ものとされたが、従前と大きく変わるものではない。そこで「道徳・市民教育」の目標とされているのは以下の3点である。

　1　他者の尊重
　2　共和国の価値の獲得と共有
　3　市民的文化・教養（culture civique）の構築

　「他者の尊重」が従前よりさらに強調されるようになったが、それは、自由を尊重し、尊厳のうちには平等な存在であることとみなし、友愛の関係のなかに広げていくことである。各々の哲学的・宗教的信条を尊重し、ライシテの原理とつらなることでもある。「共和国の価値」は、国としての統合と同時におのおのの市民の自由を保障するものである。「市民的文化・教養」は、法律と権利の重要性を示し、同時に民主的空間にある討議の倫理にもつらなることである。学校で教えられるべきことは文化・教養であって、教義（dogma）ではない。

　3つの目標ごとに、学習期（フランスでは小学校1〜3年を第2学習期、小学4、5年とコレージュ1年を第3学習期、コレージュ2〜4年を第4学習期と呼ぶ）ごとに、その学習期を終えるまでに到達すべき目標が学習指導要領に示されており、身につけるべき知識と能力、教育目標が定められている。

　道徳・市民教育の時間を通して習得すべき技能としては、以下の4つが挙げられている。

感受性の文化・教養
・情動や感情を統御しながら確認し、表現すること。 ・互いに尊重し合い、聞く、共感することができること。 ・自分の意見を表現し、他者の意見を尊重すること。 ・違いを受け入れること。 ・集団の一員であると感じること。
権利と規則の文化・教養
・共同の規則を尊重すること。 ・民主的社会における規則と法律の根拠を理解し、それに従うこと。 ・フランス共和国、民主的社会の価値原理を理解すること。 ・規則と価値の関係を理解すること。
判断の文化・教養
・批判的によく考える能力を発達させること。 ・討議、論拠づけられた規則にもとづく討論のなかで他者の判断に直面すること。 ・厳格なやりかたで情報を入手すること。 ・個別利益と一般利益を区別すること。 ・一般利益の観念をもつこと。
参加の文化・教養
・適切な参加について責任をもつこと。 ・他者に対して責任をもつこと。 ・学校において参加し、責任をひきうけること。 ・集団生活であること、環境に責任をもち、市民的意識を発展させること。 ・学びや作業を通して考えることを豊かにし、共同作業ができるようになること。

　4つの技能のうち、2015年以前の市民教育と比して新たな加えられたといえるのは、「感受性」である。情動（emotions）、感情（sentiments）といった感受性にかかわる語句がつかわれるようになった。自分と他者の間に折り合いをつける、感受性も多様であることを知る、といった内容が含まれるようになった。

　ある小学校用の教科書をみると、「感受性」を扱う章では、「ムンクの『叫び』の絵からどのような情動、感情をうけとるか」という問いがある。「愛、友情、喜び、陰気、恐れ、臆病、怒り、恥」など「受け取り方は人それぞれ」ということを示していると考えられる¹⁴⁾。なお、フランスで道徳・市民教育は教科であるが、検定済教科書は存在しない。そもそも教科書使用義務はないので、プリントなどで行われている授業も多い。

2　学校教育全体を通した「道徳・市民教育」

　フランス共和国における「市民の育成」は「道徳・市民教育」の時間によってのみ行われるのではなく、むしろ学校教育全体を通した目標とでもいうべきものである。フランスの学校は校則などでも「市民の育成」を教育目的に明記していることは多い。

　例えば、フランス語（国語）の時間を通して自分の言いたいことがいえること、他人の意見をきけるようになること、数学の時間を通して論理的な思考ができるようになること、歴史・地理の時間を通してフランスや他国の文化を知ること、体育・スポーツの時間に「ルールの遵守を学ぶ」ことなどすべての学習が「市民の育成」に関連しているといえる。

　学校生活全体にかかわることとして、フランスのコレージュ・リセは生徒参加制度が整備されていることがある。学校は「民主主義の習得の場」と考えられている。学級代表選挙で投票することは、民主主義の根本的権利であることを経験を通して学ぶことである。学級内で代表の選挙を行うこと及び生徒代表が学校管理評議会で校則の制定にかかわることは、将来選挙で政治家を選挙に参加し政治家が国会で法律を制定することとパラレルと考えられている。道徳・市民教育は、学校や学級への参加をすることを通して、将来の「市民」を育成する一環と考えられている。

おわりに

　「共和国の価値」を「世俗的宗教」と位置付けることさえ可能な、道徳・市民教育が活動主義的な教育方法とともに、フランスの学校全体に導入されたばかりの時期に今はある。新たな思想・信条・信教の自由と両立する、誰しも疑わない「普遍的価値」を共和国の学校で教えることが強調されはじめたところである。

　外国にルーツをもつ子どもが大幅に増えた時代において（フランスにおいては外国籍の子どもにも法的な教育義務は存在する）、私生活（文化）や信教の自由を踏まえたうえで「共通の道徳」が教えられる方向にむかっている。人種差別、反ユダヤ主義、性差別、外国人嫌い、同性愛者嫌い、障害者への攻撃、いじめといった「他者への攻撃、差別」「多様性を認めない」ことは許されない。あくまで「違い」を認めたうえでの「他者の尊重」が要請され、それはフランス共和国における共同生活のための「共通の文化・教養」を学ぶことである。フランスの道徳教育のなかに「他者の自由を尊重しない自由」は存在しない。「共通の文化・教養」は宗教や信条の自由と両立しうることと考えられている。

4　ドイツの道徳教育

　ドイツの学校に「道徳」という教科はない。道徳教育にあたる内容を有するものとしては、宗教授業（Religionsunterricht）が挙げられる。ただし、日本の道徳教育が「学校の教育活動全体を通じて行う」とされているのに対し、ドイツの宗教教育は公立学校では宗教科の授業内に限られる。この宗教授業の枠組みと内容から、ドイツにおける道徳教育のあり方を探ってみることにしよう。

1　ドイツの宗教授業

　ドイツの憲法にあたる基本法で、「宗教授業は、無宗派学校を除く公立学校において、正規の教授科目である」（第7条第3項）と規定されている。これに関する例外規定（基本法第141条のいわゆる「ブレーメン条項」）が適用される州を除いて宗教授業は必修であり、伝統的にはカトリックとプロテスタントを中心とする宗派別に行われてきた。基本法には宗教授業への参加を決定する権利は教育権者にあるともされており（第7条第2項）、それを受けて各州の法律や規則では、宗教授業を拒否する届け出がなされた場合には倫理科などの代替科目に参加するよう定められている。また、一部の州では宗派別の宗教教育ではなく、宗派混合型の宗教教育の試みもある。いずれの場合においても、これらは成績評価の対象となる教科目である。

　そのような枠組みの中で、実際に子どもたちが学んでいる科目はどれだろうか。在籍人数の割合をドイツ全体で見ると、カトリックが33.6％、プロテスタントが35.2％と約3分の1ずつを占め、約4分の1にあたる児童生徒は倫理や

哲学などの代替科目を受けている（24.2%）。宗派混合型の宗教授業には4.6%、東方正教会やイスラム教などの宗派別宗教授業に約１％が学び、残りの児童生徒（8.2%）はいずれの科目も履修していない[15]。

　一方でキリスト者の信仰離れが進み、他方で移民の増加などに伴って宗教的多様性が増す中で、従来の宗教授業の位置づけに対する疑義や、反対に宗教科の代替科目を置くことへの批判など宗教教育をめぐる議論は尽きることがない。そのようなドイツ社会における宗教教育の展開を初等教育段階、前期中等教育段階に分けて、以下に整理することにしたい。

2　ドイツの初等教育における宗教授業

　ドイツの初等教育段階は４年間の基礎学校（ベルリン、ブランデンブルクは６年間）で行われる。この間の宗教授業は全学年を通じて週に２時間実施されるのが一般的であるようだ[16]。

　学校教育に関する権限は各州の教育省にあり、宗教科の学習指導要領にあたる指針は州により異なる。バーデン＝ヴュルテンベルク（BW）州教育省から[17]出されている基礎学校の教育計画（宗教／プロテスタント[18]）を見てみると、プロテスタントの宗教授業は、「キリスト教の信仰や伝統を話題に上げることで、若い世代が信仰を見出す機会を得て、現実を解釈し、自らの人生を形成するのを手助けする」、「アイデンティティや人生の意味を探し求める子どもや青少年を支え、寄り添う」ものであるとされている。プロテスタント以外の児童も参加できる。内容については、基礎学校に続く中等教育段階まで（第１〜10学年）共通する７分野（人間、世界と責任、聖書、神、イエス・キリスト、教会と諸教会、諸宗教）に整理され、各分野で身につけるべきコンピテンシーが学年別に示されている。

　これを実際に授業するにあたっては、教科書、副教材、児童用聖書などの教材が用いられることになるが、それらはいずれも各州による認可を受けている。ここでは、BW州を含む複数の州でプロテスタントの宗教科教科書として認可されているクレット社の『宗教の旅』[19]（１、２学年用、３、４学年用）を題材として、宗教授業の教科書がどのように構成されているかを具体的に見ていくことにしよう。１、２学年用は10の章からなっており、各章のタイトルは、「わたしは二人といない」「わたしたちは仲間」「わたしは信じることができる」などすべて一人称が主語の文で表されている。３、４学年用になると章のタイトルはや

や抽象化された表現になり、「共に生きる」「創造された世界を守る」「神の手の中にある人生」「神との経験」「イエスの物語」「聖書を発見する」「世界中のキリスト者」「他の宗教と出会う」という8章で構成されている。各章は、子どもの日常の経験を聖書に書かれていることにつなげて深く考える機会とできるように工夫されている。また、用いられている写真やイラストには肌の色の違いや障害の有無などが意識的に描出されており、多様性の尊重がうかがえる。

3　ドイツの中等教育における宗教授業

　前期中等段階の宗教授業の役割や目標について、BW州の教育計画では基本的に基礎学校と同様の記述である。ただし、当然ながらコンピテンシーの内容は、より発展的なものになっている。

　教科書については、バイエルン州以外のすべての州で認可を得ているカルヴァー社の『宗教基礎1』（5、6学年用）と『宗教基礎2』（7、8学年用）を参照しよう[20]。1巻は14章からなり、各章のタイトルは順に「わたしは誰？」「わたしと他者」「ルール」「争い」「公平と不公平」「聖書」「神」「祈り」「天地創造」「モーゼ」「ダビデ」「イエス」「教会」「世界の宗教」である。「わたしと他者」の章でインターネット上での交友関係を話題にしたり、「天地創造」の章で環境汚染についての写真や問いかけを並べたりするなど、現代的課題が盛り込まれていることが確認される。

　2巻も1巻と同様に14章で、「大人になること」「愛」「対立」「善悪の判断」「神」「預言者」「イエス・キリスト」「受難と復活」「教会」「マルティン・ルター」「教会と社会奉仕活動」「ユダヤ教」「イスラム教」「宗教的シンボル」の各章から構成されている。1巻の最後に「世界の宗教」という1つの章で扱った内容を「ユダヤ教」「イスラム教」「宗教的シンボル」という3つの章に分けて、より詳しく扱っている。「イスラム教」の章では「ドイツに暮らすムスリム」をテーマに、性別や出身国の異なる10〜40歳代の男女5人のプロフィールから、その背景や信仰の多様性に気づかせたり、宗教上の違いによる対立が生じたときにどのような話し合いをすべきか考えさせたりするなど、現実性が重視されている。同時に、イスラム教の起源、コーランの内容、信仰告白・礼拝・断食・喜捨・巡礼というイスラム教の5つの柱など宗教学的知識についてもキリスト教に対比させながら学習する内容も含まれている。

　以上のように、宗教授業は、自分自身について、人生の意味や社会のあるべき姿について、宗教の教えに照らしながら考える時間である。それは、超越的存在を介して人間や社会を理解するという点で他の教科とは根源的に異なっている。時代の移り変わりとともに聖書に新たな解釈が加えられてきたように、児童生徒を取り巻く社会状況や家庭環境の変化に対応しながら宗教科も新たな目標と方法を追求し、現代的課題に取り組んでいる。

5　中国の道徳教育

1　発展過程

　中国では、古代から徳治の思想が強く重視されたため、道徳教育と政治を緊密に結びついてきた。中国における学校の道徳教育は、思想・政治教育を主な内容とする教育である。

　1949年10月中華人民共和国が成立してから、政府は「徳育、知育、体育」の全面に発達した生徒を育成するということを、中国の教育方針として定めた。「徳育」には、すべての学校において、「政治」という道徳教育課程が開設された。そして、1966年から1976年にかけて、「文化大革命」という政治運動が行われた。この10年間、「毛沢東語録」などが人々の言論や行動などの指針となり、学校での道徳授業が休止された。孔子、孟子の著作や言論が封建思想の代表として批判され、政治的な混乱のなかで、社会の雰囲気も乱された。その後、1977年文化大革命が終わった翌年、中国政府が当時の社会気風を改めるために基本的文明習慣を提唱し、「政治」という道徳科目が初級中学と高級中学で再開した。それより遅れて、1981年から、小学校における「思想品徳」という道徳科目が再開された。

　人民の道徳意識を再び築こうとしている中国政府は、1980年代から、特に90年代に入って、中国における小・初級中学の道徳教育の内容を数次にわたって充実した。その結果、道徳教育の内容は、「政治、思想、道徳、法制」という4つの部分が含まれるようになった。初級中学と高級中学にも、再開された「政治」という道徳課程は、1993年に「思想政治」という科目に変わった（**表12-3**参照）。

　次いで、1999年になると、中国政府は、巨大な人口を豊かな人的資源に転換させるために、「国民資質の向上を基本とし、生徒の創造性と実践能力の育成

表12-3　小学校・初級中学・高級中学の課程計画（1993年）

学級	課 程 計 画
小学校	国語、数学、思想品徳、社会常識、自然常識、体育、音楽、美術、労働（9科目）
初学校	国語、数学、英語、物理、化学、生物、思想政治、歴史、地理、美術、音楽、体育、労働技術（13科目）
高等学校	国語、数学、英語、物理、化学、生物、思想政治、歴史、地理、芸術、体育と健康、情報技術、総合実践活動（13科目）

出典：倪冬岩「中国における道徳教育の動態」『現代社会文化研究』2007年3月。

を重視する」という教育方針を打ち出しており、「教育改革の進展と資質教育の全面推進について中共中央・国務院の決定」を公布した。国務院が発表したこの「決定」において、道徳資質教育、知力・能力資質教育、心理資質教育、審美資質教育、身体資質教育、労働資質教育という6つの内容を設定した。その6つの内容の中で、道徳資質教育は「資質教育」の中核である。「資質教育」の導入は、中国の道徳教育の発展の重要な一環として、中国の道徳教育に大きな影響を与えていくと思われている。21世紀に入って、小学校の道徳教育課程が「思想品徳」から、「品徳と生活」・「品徳と社会」に変わり、初級中学の道徳教育課程が「思想政治」から「思想品徳」に変わった。これから、生徒の道徳教育実効性が重視されるようになってきている。さらに、2016年9月から、小学校と初級中学一年生の道徳教育課程は「道徳と法治」に統一されている。1949年以来、「法治」が初めて義務教育段階における道徳教育課程のなかに現れることになる。

2　問　　題

1）道徳性を育成よりは知識の学習を重視されている

　中国における、学校の管理者や教師にとって、道徳教育の重要性はだれでもわかっている。しかしながら、今日の競争社会における、「人材競争」「進学競争」が非常に激しくなり、学校は進学率を引き上げるために、進学競争に直接むすびつくことに多くの時間を割いているという現象が、少なからぬ学校で生じている。

2）社会的な実践よりは授業中の「教え込み」を主としている

　1999年、中国政府は生徒の創造性と実践能力を高めることを目指す「資質教

育」を導入したが、中国の学校教育は依然に「教え込み」を主な教育方法としており、生徒の能力を向上させる実践活動があまり見られない。道徳知識を教え込む上で重要なのは、実践的な面を重視し、あらゆる生活の場面や人間関係の中でそれを実践させることではないか。

３）学校は人格を育成するより生徒の行動規範を重視している

道徳教育の基本は人格を育成することであるが、校長など学校管理者は上級教育機関が設定した学校の管理準則を守ることのみを重視している。生徒の行動規範や学校の生徒規律を守ることのみが重要視されている。学校の道徳教育が単純に行動訓練になるといえる。

４）道徳教育の内容は実際の社会生活と離れている

鄧小平の改革開放政策の実施から30年を迎える現在、高度経済成長につれて、先進国と経済、政治、文化など様々な面において、交流すると同時に影響もある。社会生活が豊かになっているとともに、各種の新しい道徳問題も生じている。ところが、学校の道徳教育は実際の社会生活と離れてしまい、伝統的な道徳教育内容にとどまっているから、生徒の道徳実践の能力が抑圧されている。

５）家庭における道徳教育意識が不足している

1979年、中国の人口増を抑制するために、「１人っ子政策」が実施された。2010年まで、中国では１人っ子の家庭がおよそ１億5000万世帯に達している。子どもが１人なので、その子どもは家庭で極めて大切にされており、過保護、甘やかしなどの状況が少なくない。他方、1980年代から、国民の生活は物質的に向上していった。過保護や物質的に豊かになることによって、育てられた子どもは、節約、忍耐、思いやり、譲り合いなどの伝統美徳を知らず、わがままで我慢できない傾向が強い。「個人主義」、「享楽主義」、「拝金主義」などが青少年の中で氾濫している。

３　展　　　望

道徳教育は、単にある個人に関することだけではなく、全社会に深く関わっていることである。この数年間、中国における道徳教育は時代の変遷につれて、大きな改革が行われていた。道徳教育に対して全社会の関心はますます高くなっている。

今後、中国の道徳教育は、① 実践に基づく道徳教育の指導方法を検討する、

②生徒の人格を育成すること、生徒に道徳の知識を知らせ、道徳の感情を育成することを重視する、③道徳教育の内容は実際の社会生活と結びつける、④保護者の道徳教育の意識を強化させ、親の資質や家庭教育の資質を高める、などが課題となっている。

注

1）西村正登「アメリカ道徳教育三大潮流の比較研究」『東アジア研究』第8号、2010年、152頁。

2）ローレンス・コールバーグ（岩佐信道訳）『道徳性の発達と道徳教育――コールバーグ理論の展開と実践――』麗澤大学出版会、1987年、171-173頁。

3）例えば、広田照幸・伊藤茂樹『教育問題はなぜ間違って語られるのか』日本図書センター、2010年、などを参照。

4）住岡敏弘「アメリカ合衆国における連邦政府による人格教育政策の特質」『宮崎公立大学人文学部紀要』第16巻、第1号、89-104頁。

5）宮本浩紀「アメリカにおける道徳教育の新たな展開――人格教育の一手法としてのサービス・ラーニングに注目して――」『早稲田大学大学院教育学研究科紀要別冊』第20号-2、62頁。

6）前掲論文参照。

7）川口広美「学校市民性教育カリキュラムにおける道徳性の位置づけとその意義――イングランドの場合――」『広島大学大学院教育学研究科紀要　第二部』第59号、2010年、68頁。

8）三宅晶子「『私たちの道徳』の「私たち」とはだれなのか？」『現代思想』2014年4月号、青土社、135-141頁。

9）神奈川県立高校で行われている同教育は「シチズンシップ」と表記されており、本稿も同県の取り組みについては「シチズンシップ教育」とする。

10）フランスの道徳・市民教育の歴史に関してより詳しくは、大津尚志「道徳・公民教育」（フランス教育学会編『フランス教育の伝統と革新』大学教育出版、2009年、140-148頁）

11）*B.O.,* no.17 du 23 avril 2015.

12）*B.O.,* spécial no.6 du 25 juin 2015.　なお、大津尚志・松井真之介・橋本一雄・降旗直子「フランスにおける小学校2015年版「道徳・市民」科学習指導要領」『教育学研究論集』第14号、2019年近刊、参照。

13）*B.O.,* no.30 du 26 juillet 2016.

14）*Tous citoyens ! cycle 3*, Hatier, 2017, p.12.

15）Sekretariat der Ständigen Konferenz der Kultusminister der Länder in der

Bundesrepublik Deutschland（KMK）（2016）, *Auswertung Religionsunterricht. Schuljahr 2015/16*, S. 7

16) Bericht der Kultusministerkonferenz vom 13.12.2002, *Zur Situation des Evangelischen Religionsunterrichts in der Bundesrepublik Deutschland.*

17) バーデン＝ヴュルテンベルク州の基礎学校では、13万6366人がカトリック、15万7097人がプロテスタント、1852人がイスラム教の宗教授業を受けている（2014/15年度、KMK 2016）。

18) Ministerium für Kultus, Jugend und Sport Baden-Württemberg（2016）, *Bildungsplan der Grundschule. Evangelische Religionslehre.*

19) „Die Reli-Reise für 1./2. Klasse", Klett;Stuttgart, 2012, *„Die Reli-Reise für 3./4. Klasse"*, Klett;Stuttgart, 2013.

20) *„Kursbuch Religion Elementar 1 "*, *„Kursbuch Religion Elementar 2 "*, Calwer; Stuttgart, 2017. バイエルン州の指導要領に則した教科書は、同出版社から『宗教基礎 5』として別に刊行されている。

21) 大津尚志・伊藤一雄・伊藤良高・中谷彪編『教育課程論のフロンティア』晃洋書房、2010年、102頁。

22) 中国中共中央国務院「教育改革の進展と資質教育の全面推進について中共中央国務院の決定」1999年 6 月。

参 考 文 献

〈第 2 節〉

佐貫浩『イギリスの教育改革と日本』高文研、2002年。

堀内かおる「英国における子どもの人格的・社会的発達支援教育の様相— PSHE（Personal, Social and Health Education）をめぐる歴史・社会的背景と教育現場の状況」『横浜国立大学教育人間科学部紀要Ⅰ 教育科学』第 6 集、2004年。

矢吹芳洋「高校生の政治参加能力形成とシティズンシップ教育」『専修大学人文科学研究所月報』269号、2014年。

〈第 3 節〉

大津尚志「道徳・公民教育」フランス教育学会編『フランス教育の伝統と革新』大学教育出版、2009年、140–148頁。

大津尚志「道徳の教科化」『フランス教育学会紀要』第30号、2018年、89–96頁。

〈第 4 節〉

マックス・プランク教育研究所研究者グループ（天野正治・木戸裕・長島啓記監訳）『ドイツの教育のすべて』東信堂、2006年。

武藤孝典・新井浅浩編『ヨーロッパの学校における市民的社会性教育の発展』東信堂、

　2007年。

〈第 5 節〉

伊藤良高・中谷彪・北野幸子編『幼児教育のフロンティア』晃洋書房、2009年。

董恵英「目前の中国の道徳教育」『山西高等学校社会科学学報』2003年 4 月。

陳暁静「当代中国道徳教育の研究」揚州大学修士論文、2012年。

日本道徳教育関係略年表

年	道徳教育・教育一般	政治・社会
1890（明23）	10・30教育ニ関スル勅語渙発	11・29第1回帝国議会開会式
1896（明29）	2・4貴族院、小学校修身教科書の国費編纂を建議	7・21清通商航海条約調印
1900（明33）	4・―文部省、修身教科書調査委員会設置	3・10治安警察法公布
1904（明37）	4・―小学校国定第1期教科書使用開始	2・10日露戦争始まる
1909（明42）	9・13文部省、直轄諸学校に修身教育重視を訓令	10・26伊藤博文、ハルビンで暗殺
1922（大11）	12・13公民教育調査委員会設置	2・6朝鮮教育令・台湾教育令公布
1923（大12）	11・10国民精神作興ニ関スル詔書発布	9・1関東大震災発生
1924（大13）	9・5川井訓導事件	
1925（大14）		4・21治安維持法公布
1926（昭元）	4・22小学校令改正（日本歴史を国史と改称）	4・9労働争議調停法公布
1928（昭3）	10・30文部省、学生課設置（思想問題で指導・監督等）	2・20第1回普通選挙実施
1931（昭6）	1・10中学校・師範学校に公民科を設置	9・18満州事変起こる（柳条湖事件）
1932（昭7）	12・―日本教育労働者組合長野支部『修身科無産者児童教程』発表	3・1満州国建国宣言
1934（昭9）	6・1文部省、思想局設置	12・29ワシントン海軍軍縮条約廃棄（日本の国際的孤立化）
1937（昭12）	5・31文部省、『国体ノ本義』刊行	7・7日中戦争始まる（盧溝橋事件）
1939（昭14）	5・22青少年学徒ニ賜ハリタル勅語下賜	9・3第2次世界大戦勃発
1940（昭15）	4・―壮丁教育思想調査開始	10・12大政翼賛会発足
1941（昭16）	3・1国民学校令公布	12・8太平洋戦争勃発
1945（昭20）	9・20文部省、「終戦ニ伴フ教科用図書取扱方ニ関スル件」通牒	8・15天皇、終戦詔勅放送
	12・31ＧＨＱ、「修身、日本歴史及ビ地理停止ニ関スル件」指令	11・16ユネスコ憲章採択
1946（昭21）	6・30文部省、「新教育の指針」発表	1・1新日本建設に関する詔書（天皇人間宣言）
	9・5文部省、教育勅語奉読廃止を通達	5・3極東国際軍事裁判開始
	9・―文部省、『くにのあゆみ』（上・下）発行	5・7教職員追放令公布

	10・9文部省、「国民学校令施行規則の一部改正（君が代などの式次第の規程を削除）	11・3日本国憲法公布
1947（昭22）	3・31教育基本法・学校教育法公布	5・3日本国憲法施行
	10・3文部省、『民主主義』（上）発行	12・10国連総会、「世界人権宣言」採択
1949（昭24）	6・10社会教育法公布	10・1中華人民共和国成立
1950（昭25）	10・17文部省、国旗掲揚・国歌斉唱の勧告通達	6・25　朝鮮戦争勃発
	11・7天野貞祐文相、全国教育長会議で修身科の復活・国民実践要領の必要を表明	8・10　警察予備隊発足
1951（昭26）	1・4教育課程審議会、「道徳教育振興に関する答申」	5・5児童憲章宣言
	2・8文部省、道徳教育振興方策発表（道徳特設せず）	9・8サンフランシスコ講和条約・日米安全保障条約調印
	6・10文部省、「道徳教育のための手引書要綱―児童・生徒が道徳的に成長するためにはどんな指導が必要であるか」発表	
	11・14天野貞祐、「国民実践要領」を発表	
1953（昭28）	8・7中央教育審議会「社会科教育の改善に関する答申」（第2回）	10・2池田・ロバートソン会談開始
1955（昭30）	2・―文部省、『社会科学習指導要領』改訂（「試案」の文字削除）	4・24アジア・アフリカ（バンドン）会議、平和10原則採択
1957（昭32）	11・4日本教育学会「道徳教育に関する問題点」発表	
1958（昭33）	3・18文部省、「小学校・中学校における『道徳』の実施要領について」通達（小・中学校で道徳教育の時間特設の実施を通達	4・15第1回アフリカ独立諸国会議
	8・28『小・中学校学習指導要領道徳編』公示	
	8・28文部省、小学校・中学校における道徳の実施について通達	
1959（昭34）	4・30社会教育法一部改正法公布（市町村に社会教育主事必置など）	11・20国連総会、「子どもの権利宣言」採択
1962（昭37）	4・26防衛庁、文部省に「学校教育に関する要望書」を提出（自衛隊、国防、愛国心教育の強化）	10・22キューバ危機
1963（昭38）	4・1文部省、教師用「道徳教育の手引き」を全教師に無償配布	2・1アジア・アフリカ連帯会議、沖縄復帰要求決議

	7・11教育課程審議会「学校における道徳教育の充実方策について」答申	8・14部分的核実験停止条約調印
1964（昭39）	3・14文部省、小・中学校教師用道徳の指導資料を発表（愛国心、礼儀作法の強調）	4・28日本ＯＥＣＤに加盟
1965（昭40）	1・30文部省「道徳の読み物資料について」	6・22日韓基本条約等調印、全国各地で抗議集会
1966（昭41）	10・31中央教育審議会「後期中等教育の拡充整備について」答申（別記「期待される人間像」含む）	6・25祝日法一部改正法公布（建国記念の日など新設）
1971（昭46）	4・30社会教育審議会「急激な社会構造の変化に対処する社会教育のあり方について」答申	6・17沖縄返還協定調印
1974（昭49）	6・24社会教育審議会「市町村における社会教育指導者の充実強化のための施策について」答申	5・15田中首相、「5つの大切」「10の反省」を提唱
	6・24「乳幼児期における家庭教育の振興方策について」建議	10・22田中首相の金脈問題化
1977（昭52）	7・23文部省『小学校学習指導要領』『中学校学習指導要領』公示（全面改訂、君が代を国歌とする）	7・13最高裁、津地鎮祭訴訟で合憲判決
1981（昭56）	5・9社会教育審議会「青少年の徳性と社会教育」答申	8・14政府、81年版『防衛白書』を発表（愛国心教育を強調）
	11・24自民党教育基本問題小委、「心の教育を推進するための提言」をまとめる	
1983（昭58）	8・5文部省、特設「道徳」の実施不十分との調査結果から、その徹底を都道府県教委に通達	2・10横浜で中学生の浮浪者殺人事件発生
1985（昭60）	5・9岐阜の岐陽高校生、教師の体罰で死亡	
	9・5文部省、「特別活動の実施状況調査」を発表（国旗掲揚・国歌斉唱の徹底を通知）	
1986（昭61）	2・1東京・中野区立中野富士見中2年生、「いじめ」を苦に自殺	
	4・23臨時教育審議会「教育改革に関する第二次答申（基本的答申）」提出（徳育の充実）	
1987（昭62）	2・10文部省、社会教育主事講習等規程の一部を改正	4・1ＪＲ東日本旅客会社など、国鉄を分割・民営化しスタート

	12・24教育課程審議会、「幼稚園、小学校及び高等学校の教育課程の基準の改善について」答申（高校で社会科を廃止）	
1990（平2）	3・13教免法施行規則改正省令公布（地歴・公民の教科専門教育科目の内容規程	
	7・6兵庫県立神戸高塚高校で生徒が校門に挟まれて死亡	
1991（平3）	6・30文部省、小学校教科書検定結果と検定事例を発表	6・3雲仙普賢岳で大火砕流が発生（消防・報道関係者40人死亡、3人行方不明）
1994（平6）	5・26文部省、全小中学校及び教委を対象とした道徳教育推進状況調査結果を公表	
1995（平7）	3・13いじめ対策緊急会議、「いじめ問題の解決のために当面すべき方策について」報告（出席停止措置など提言）	1・17阪神淡路大震災発生。兵庫県・淡路島北部を震源に、神戸市などで震度7を記録。6434人が死亡。
	12・15文部省、「いじめ問題への取組の徹底等について」答申	3・20東京都内の地下鉄でサリン事件発生
1996（平8）	7・19中央教育審議会「21世紀を展望した我が国の教育の在り方について」（第1次答申）	4・17日米安全保障共同宣言
1997（平9）	6・26中央教育審議会「21世紀を展望した我が国の教育の在り方について」（第2次答申）	6・28神戸小学生連続殺傷事件で中3生逮捕
1998（平10）	6・30中央教育審議会「幼児期からの心の教育の在り方について」答申	5・11インド、核実験実施、パキスタンも対抗
1999（平11）		7・8　2001年から1府12省庁体制にする中央省庁関連法と、国と地方自治体の対等関係を目指す地方分権一括法成立
	8・13国旗及び国歌に関する法律公布	
2000（平12）	12・6人権教育及び人権啓発の推進に関する法律公布	5・24児童虐待の防止等に関する法律（児童虐待防止法）公布
	12・22教育改革国民会議、「小学校に「道徳」、中学校に「人間科」、高校に「人生科」などの教科を設けることを提言。	
2001（平13）	1・25文科省「21世紀教育新生プラン」発表	1・6文部科学省（文部省と科学技術庁が統合）スタート
2002（平14）	2・21中央教育審議会「新しい時代における教養教育の在り方について」答申	1・1欧州12ヵ国で単一通貨ユーロ流通開始
	4・22文部科学省「『心のノート』について（依頼）」送付	9・17小泉首相、北朝鮮の金正日総書記と初の首脳会談、国交正常化交渉の再開などで合意

	7・29中央教育審議会「青少年の奉仕活動・体験活動の推進方策等について」答申	
	7・31文部科学省「学校における国旗及び国歌に関する指導について」通知	
2003（平15）	3・20中央教育審議会「新しい時代にふさわしい教育基本法と教育振興基本計画の在り方について」答申	3・20米軍、イラク戦争開始
		7・30少子化社会対策基本法公布
2005（平17）	1・28中央教育審議会「我が国の高等教育の将来像」、「子どもを取り巻く環境の変化を踏まえた今後の幼児教育の在り方について」答申	4・25尼崎市でＪＲ西日本福知山線脱線事故
2006（平18）	10・19文部科学省「いじめの問題への取組の徹底について」通知	12・22防衛庁設置法等の一部改正法公布（防衛庁を防衛省に格上げ）
	12・22教育基本法公布・施行（47年教育基本法全部改正）	
2007（平19）	6・1教育再生会議、第2次報告提出（「徳育の教科化」提言）	6・1児童虐待防止法改正
2008（平20）	2・26閣議、教育再生懇談会の開催を決定（教育再生会議廃止）	6・8東京・秋葉原で17人殺傷事件発生
	3・―学習指導要領改訂と同時に、「道徳教育推進教師」を規定	
	4・18中央教育審議会「教育振興基本計画について―「教育立国」の実現に向けて―」答申	
	12・3児童福祉法等の一部改正法公布（新たな子育て支援へ）	
	12・18教育再生懇談会第2次報告（「教科書の充実に関する提言」）	
2011（平23）	9・21大阪維新の会、府議会に「大阪教育基本条例案」を提出	3・11東日本大震災発生。震度7、M9.0は日本観測史上最大規模。死者・行方不明者は約2万人
2012（平24）	3・28大阪府「教育行政基本条例」「府立学校条例」「職員基本条例」を制定	
	8・22子ども・子育て関連3法公布	
	10・3岐阜県可児市「子どものいじめの防止に関する条例」を制定	10・8山中伸弥京大教授、ノーベル医学・生理学賞決定
2013（平25）	2・26教育再生実行会議「いじめの問題等への対応について」（第1次）提言	6・28いじめ防止対策推進法公布

	4・4道徳教育の充実に関する懇談会第1回会合開催	
	4・25中央教育審議会「第2期教育振興基本計画について」答申	
	7・5国立教育政策研究所、いじめ防止のための資料「いじめと向き合う」公表	
	7・9文部科学省、いじめ問題や教育改革を特集した12年度文部科学書白書公表	8・17松江市内の市立小中学校図書館で『はだしのゲン』が閉架されていることが問題とされる
	12・26文部科学省「道徳教育の充実に関する懇談会」、「今後の道徳教育の改善・充実方策について」（報告）	12・13特定秘密の保護に関する法律（特定秘密保護法）公布
2014（平26）	1・28文部科学省、中学社会科、高校地理歴史・公民の学習指導要領解説書改訂	3・27袴田事件、再審開始決定
	2・14文部科学省、小中学校の新教材『私たちの道徳』公表	4・1消費税が5％から8％に増税
	10・21中央教育審議会「道徳に係る教育課程の改善について」答申	
2015（平27）	3・27小・中・特別支援学校学習指導要領の一部を改正する告示公示	1・17阪神・淡路大震災から20年で過去最多の10万人超が追悼（神戸・東遊園地）
	7・23教科用図書検定調査審議会、「『特別の教科 道徳』の教科書検定について（報告）」を提出	6・19公職選挙法等の一部を改正する法律公布（選挙権年齢を18歳以上に）
	9・30義務教育諸学校教科用図書検定基準の一部を改正する告示公示（「特別の教科 道徳」の教科固有の条件を規定）	9・19新安保関連法成立（9・30公布、集団的自衛権・後方支援等）
	12・21中央教育審議会「これからの学校教育を担う教員の資質能力の向上について」答申	
2016（平28）	5・16日本学術会議、提言「18歳を市民に-高等学校公民科の改革-」及び「『歴史総合』に期待されるもの」を発表	4・14熊本県益城町で震度7の地震発生 4・16熊本地方に震度7の地震
	12・16部落差別の解消の推進に関する法律公布	8・8天皇「おことば」ビデオメッセージで退位希望をにじませる
2017（平29）	3・31文科省、幼稚園教育要領、小・中学校学習指導要領告示公示	6・21組織的な犯罪の処罰及び犯罪収益の規制等に関する法律の一部を改正する法律（「共謀罪」法）公布

2018（平30）	6・1教育再生実行会議、学校・家庭・地域の教育力の向上提言（第10次）を提出 3・8中央教育審議会「第3期教育振興基本計画について」答申	7・26オウム真理教一連の事件の死刑確定囚（6人）の死刑執行し、13人すべての死刑執行が終了

主要参考文献

中谷彪・伊藤良高編『改訂版　歴史の中の教育〈教育史年表〉』教育開発研究所、2013年。

浪本勝年・廣田　健・山口拓史・白川優治・堀井雅道・村元宏行・石本祐二編『2018年版ハンディ教育六法』北樹出版、2018年。

浪本勝年・岩本俊郎・佐伯知美・岩本俊一編『史料・道徳教育を考える（4改訂版）』北樹出版、2017年。

道徳教育関係資料

保育所保育指針（抄）2017年 3 月31日告示、2018年 4 月 1 日適用

第 1 章総則

4　幼児教育を行う施設として共有すべき事項

（1）　育みたい資質・能力

ア 保育所においては、生涯にわたる生きる力の基礎を培うため、1 の（2）に示す保育の目標を踏まえ、次に掲げる資質・能力を一体的に育むよう努めるものとする。

（ア）豊かな体験を通じて、感じたり、気付いたり、分かったり、できるようになったりする「知識及び技能の基礎」

（イ）気付いたことや、できるようになったことなどを使い、考えたり、試したり、工夫したり、表現したりする「思考力、判断力、表現力等の基礎」

（ウ）心情、意欲、態度が育つ中で、よりよい生活を営もうとする「学びに向かう力、人間性等」

イ　アに示す資質・能力は、第 2 章に示すねらい及び内容に基づく保育活動全体によって育むものである。

（2）　幼児期の終わりまでに育ってほしい姿

　次に示す「幼児期の終わりまでに育ってほしい姿」は、第 2 章に示すねらい及び内容に基づく保育活動全体を通して資質・能力が育まれている子どもの小学校就学時の具体的な姿であり、保育士等が指導を行う際に考慮するものである。

エ　道徳性・規範意識の芽生え

　友達と様々な体験を重ねる中で、してよいことや悪いことが分かり、自分の行動を振り返ったり、友達の気持ちに共感したりし、相手の立場に立って行動するようになる。また、きまりを守る必要性が分かり、自分の気持ちを調整し、友達と折り合いを付けながら、きまりをつくったり、まもったりするようになる。

オ　社会生活との関わり

　家族を大切にしようとする気持ちをもつとともに、地域の身近な人と触れ合う中で、人との様々な関わり方に気付き、相手の気持ちを考えて関わり、自分が役に立つ喜びを感じ、地域に親しみをもつようになる。また、保育所内外の様々な環境に関わる中で、遊びや生活に必要な情報を取り入れ、情報に基づき判断したり、情報を伝え合ったり、活用したりするなど、情報を役立てながら活動するようになるとともに、公共の施設を大切に利用するなどして、社会とのつながりなどを意識するようになる。

第 2 章　保育の内容

3　3 歳以上児の保育に関するねらい及び内容

（２）ねらい及び内容

イ　人間関係

　他の人々と親しみ、支え合って生活するために、自立心を育て、人と関わる力を養う。

（ア）ねらい

③社会生活における望ましい習慣や態度を身に付ける。

（イ）内容

⑨よいことや悪いことがあることに気付き、考えながら行動する。

⑩友達との関わりを深め、思いやりをもつ。

⑪友達と楽しく生活する中できまりの大切さに気付き、守ろうとする。

⑫共同の遊具や用具を大切にし、皆で使う。

⑬高齢者をはじめ地域の人々などの自分の生活に関係の深いいろいろな人に親しみをもつ。

（ウ）内容の取扱い

④道徳性の芽生えを培うに当たっては、基本的な生活習慣の形成を図るとともに、子どもが他の子どもとの関わりの中で他人の存在に気付き、相手を尊重する気持ちをもって行動できるようにし、また、自然や身近な動植物に親しむことなどを通して豊かな心情が育つようにすること。特に、人に対する信頼感や思いやりの気持ちは、葛藤やつまずきをも体験し、それらを乗り越えることにより、次第に芽生えてくることに配慮すること。

⑤集団の生活を通して、子どもが人との関わりを深め、規範意識の芽生えが培われることを考慮し、子どもが保育士等との信頼関係に支えられて自己を発揮する中で、互いに思いを主張し、折り合いを付ける体験をし、きまりの必要性などに気付き、自分の気持ちを調整する力が育つようにすること。

⑥高齢者をはじめ地域の人々などの自分の生活に関係の深いいろいろな人と触れ合い、自分の感情や意志を表現しながら共に楽しみ、共感し合う体験を通して、これらの人々などに親しみをもち、人と関わることの楽しさや人の役に立つ喜びを味わうことができるようにすること。また、生活を通して親や祖父母などの家族の愛情に気付き、家族を大切にしようとする気持ちが育つようにすること。

幼稚園教育要領（抄）2017年 3 月31日告示、2018年 4 月 1 日施行

第 1 章　総　則

第 1　幼稚園教育の基本

　幼児期の教育は、生涯にわたる人格形成の基礎を培う重要なものであり、幼稚園教育は、学校教育法に規定する目的及び目標を達成するため、幼児期の特性を踏まえ、環境を通して行うものであることを基本とする。

第 2　幼稚園教育において育みたい資質・能力及び「幼児期の終わりまでに育ってほしい姿」

1 幼稚園においては、生きる力の基礎を育むため、この章の第 1 に示す幼稚園教育の基本を踏まえ、次に掲げる資質・能力を一体的に育むよう努めるものとする。

（1）豊かな体験を通じて、感じたり、気付いたり、分かったり、できるようになったりする「知識及び技能の基礎」

（2）気付いたことや、できるようになったことなどを使い、考えたり、試したり、工夫し

たり、表現したりする「思考力、判断力、表現力等の基礎」
（3）心情、意欲、態度が育つ中で、よりよい生活を営もうとする「学びに向かう力、人間性等」
3　次に示す「幼児期の終わりまでに育ってほしい姿」は、第2章に示すねらい及び内容に基づく活動全体を通して資質・能力が育まれている幼児の幼稚園修了時の具体的な姿であり、教師が指導を行う際に考慮するものである。
（4）道徳性・規範意識の芽生え
　　友達と様々な体験を重ねる中で、してよいことや悪いことが分かり、自分の行動を振り返ったり、友達の気持ちに共感したりし、相手の立場に立って行動するようになる。また、きまりを守る必要性が分かり、自分の気持ちを調整し、友達と折り合いを付けながら、きまりをつくったり、まもったりするようになる。
（5）社会生活との関わり
　　家族を大切にしようとする気持ちをもつとともに、地域の身近な人と触れ合う中で、人との様々な関わり方に気付き、相手の気持ちを考えて関わり、自分が役に立つ喜びを感じ、地域に親しみをもつようになる。また、幼稚園内外の様々な環境に関わる中で、遊びや生活に必要な情報を取り入れ、情報に基づき判断したり、情報を伝え合ったり、活用したりするなど、情報を役立てながら活動するようになるとともに、公共の施設を大切に利用するなどして、社会とのつながりなどを意識するようになる。

第2章　ねらい及び内容
人間関係
〔他の人々と親しみ、支え合って生活するために、自立心を育て、人と関わる力を養う。〕
1　ねらい
（3）社会生活における望ましい習慣や態度を身に付ける。
2　内容
（9）よいことや悪いことがあることに気付き、考えながら行動する。
（10）友達との関わりを深め、思いやりをもつ。
（11）友達と楽しく生活する中できまりの大切さに気付き、守ろうとする。
（12）共同の遊具や用具を大切にし、皆で使う。
（13）高齢者をはじめ地域の人々などの自分の生活に関係の深いいろいろな人に親しみをもつ。
3　内容の取扱い
（4）道徳性の芽生えを培うに当たっては、基本的な生活習慣の形成を図るとともに、幼児が他の幼児との関わりの中で他人の存在に気付き、相手を尊重する気持ちをもって行動できるようにし、また、自然や身近な動植物に親しむことなどを通して豊かな心情が育つようにすること。特に、人に対する信頼感や思いやりの気持ちは、葛藤やつまずきをも体験し、それらを乗り越えることにより次第に芽生えてくることに配慮すること。
（5）集団の生活を通して、幼児が人との関わりを深め、規範意識の芽生えが培われることを考慮し、幼児が教師との信頼関係に支えられて自己を発揮する中で、互いに思いを主張し、

折り合いを付ける体験をし、きまりの必要性などに気付き、自分の気持ちを調整する力が育つようにすること。

（６）高齢者をはじめ地域の人々などの自分の生活に関係の深いいろいろな人と触れ合い、自分の感情や意志を表現しながら共に楽しみ、共感し合う体験を通して、これらの人々などに親しみをもち、人と関わることの楽しさや人の役に立つ喜びを味わうことができるようにすること。また、生活を通して親や祖父母などの家族の愛情に気付き、家族を大切にしようとする気持ちが育つようにすること。

小学校学習指導要領（抄）2018年3月31日告示、2020年4月1日施行

第１章　総則

第１　小学校教育の基本と教育課程の役割

２（２）　学校における道徳教育は、特別の教科である道徳（以下「道徳科」という。）を要として学校の教育活動全体を通じて行うものであり、道徳科はもとより、各教科、外国語活動、総合的な学習の時間及び特別活動のそれぞれの特質に応じて、児童の発達の段階を考慮して、適切な指導を行うこと。

　道徳教育は、教育基本法及び学校教育法に定められた教育の根本精神に基づき、自己の生き方を考え、主体的な判断の下に行動し、自立した人間として他者と共によりよく生きるための基盤となる道徳性を養うことを目標とすること。

　道徳教育を進めるに当たっては、人間尊重の精神と生命に対する畏敬の念を家庭、学校、その他社会における具体的な生活の中に生かし、豊かな心をもち、伝統と文化を尊重し、それらを育んできた我が国と郷土を愛し、個性豊かな文化の創造を図るとともに、平和で民主的な国家及び社会の形成者として、公共の精神を尊び、社会及び国家の発展に努め、他国を尊重し、国際社会の平和と発展や環境の保全に貢献し未来を拓く主体性のある日本人の育成に資することとなるよう特に留意すること。

第３章　特別の教科　道徳

第１　目標

　第１章総則の第１の２の（２）に示す道徳教育の目標に基づき、よりよく生きるための基盤となる道徳性を養うため、道徳的諸価値についての理解を基に、自己を見つめ、物事を多面的・多角的に考え、自己の生き方についての考えを深める学習を通して、道徳的な判断力、心情、実践意欲と態度を育てる。

第２　内容

　学校の教育活動全体を通じて行う道徳教育の要である道徳科においては、以下に示す項目について扱う。

A　主として自分自身に関すること

善悪の判断、自律、自由と責任	第1学年及び第2学年	よいことと悪いこととの区別をし、よいと思うことを進んで行うこと。
	第3学年及び第4学年	正しいと判断したことは、自信をもって行うこと。
	第5学年及び第6学年	自由を大切にし、自律的に判断し、責任のある行動をすること。
正直、誠実	第1学年及び第2学年	うそをついたりごまかしをしたりしないで、素直に伸び伸びと生活すること。
	第3学年及び第4学年	過ちは素直に改め、正直に明るい心で生活すること。
	第5学年及び第6学年	誠実に、明るい心で生活すること。
節度、節制	第1学年及び第2学年	健康や安全に気を付け、物や金銭を大切にし、身の回りを整え、わがままをしないで、規則正しい生活をすること。
	第3学年及び第4学年	自分でできることは自分でやり、安全に気を付け、よく考えて行動し、節度のある生活をすること。
	第5学年及び第6学年	安全に気を付けることや、生活習慣の大切さについて理解し、自分の生活を見直し、節度を守り節制に心掛けること。
個性の伸長	第1学年及び第2学年	自分の特徴に気付くこと。
	第3学年及び第4学年	自分の特徴に気付き、長所を伸ばすこと。
	第5学年及び第6学年	自分の特徴を知って、短所を改め長所を伸ばすこと。
希望と勇気、努力と強い意志	第1学年及び第2学年	自分のやるべき勉強や仕事をしっかりと行うこと。
	第3学年及び第4学年	自分でやろうと決めた目標に向かって、強い意志をもち、粘り強くやり抜くこと。
	第5学年及び第6学年	より高い目標を立て、希望と勇気をもち、困難があってもくじけずに努力して物事をやり抜くこと。
真理の探究	第5学年及び第6学年	真理を大切にし、物事を探究しようとする心をもつこと。

B　主として人との関わりに関すること

親切、思いやり	第1学年及び第2学年	身近にいる人に温かい心で接し、親切にすること。
	第3学年及び第4学年	相手のことを思いやり、進んで親切にすること。
	第5学年及び第6学年	誰に対しても思いやりの心をもち、相手の立場に立って親切にすること。

	第1学年及び第2学年	家族など日頃世話になっている人々に感謝すること。
感謝	第3学年及び第4学年	家族など生活を支えてくれている人々や現在の生活を築いてくれた高齢者に、尊敬と感謝の気持ちをもって接すること。
	第5学年及び第6学年	日々の生活が家族や過去からの多くの人々の支え合いや助け合いで成り立っていることに感謝し、それに応えること。
	第1学年及び第2学年	気持ちのよい挨拶、言葉遣い、動作などに心掛けて、明るく接すること。
礼儀	第3学年及び第4学年	礼儀の大切さを知り、誰に対しても真心をもって接すること。
	第5学年及び第6学年	時と場をわきまえて、礼儀正しく真心をもって接すること。
	第1学年及び第2学年	友達と仲よくし、助け合うこと。
友情、信頼	第3学年及び第4学年	友達と互いに理解し、信頼し、助け合うこと。
	第5学年及び第6学年	友達と互いに信頼し、学び合って友情を深め、異性についても理解しながら、人間関係を築いていくこと。
相互理解、寛容	第3学年及び第4学年	自分の考えや意見を相手に伝えるとともに、相手のことを理解し、自分と異なる意見も大切にすること。
	第5学年及び第6学年	自分の考えや意見を相手に伝えるとともに、謙虚な心をもち、広い心で自分と異なる意見や立場を尊重すること。

C　主として集団や社会との関わりに関すること

	第1学年及び第2学年	約束やきまりを守り、みんなが使う物を大切にすること。
規則の尊重	第3学年及び第4学年	約束や社会のきまりの意義を理解し、それらを守ること。
	第5学年及び第6学年	法やきまりの意義を理解した上で進んでそれらを守り、自他の権利を大切にし、義務を果たすこと。
	第1学年及び第2学年	自分の好き嫌いにとらわれないで接すること。
公正、公平、社会正義	第3学年及び第4学年	誰に対しても分け隔てをせず、公正、公平な態度で接すること。
	第5学年及び第6学年	誰に対しても差別をすることや偏見をもつことなく、公正、公平な態度で接し、正義の実現に努めること。
	第1学年及び第2学年	働くことのよさを知り、みんなのために働くこと。
勤労、公共の精神	第3学年及び第4学年	働くことの大切さを知り、進んでみんなのために働くこと。
	第5学年及び第6学年	働くことや社会に奉仕することの充実感を味わうとともに、その意義を理解し、公共のために役に立つことをすること。

家族愛、家庭生活の充実	第1学年及び第2学年	父母、祖父母を敬愛し、進んで家の手伝いなどをして、家族の役に立つこと。
	第3学年及び第4学年	父母、祖父母を敬愛し、家族みんなで協力し合って楽しい家庭をつくること。
	第5学年及び第6学年	父母、祖父母を敬愛し、家族の幸せを求めて、進んで役に立つことをすること。
よりよい学校生活、集団生活の充実	第1学年及び第2学年	先生を敬愛し、学校の人々に親しんで、学級や学校の生活を楽しくすること。
	第3学年及び第4学年	先生や学校の人々を敬愛し、みんなで協力し合って楽しい学級や学校をつくること。
	第5学年及び第6学年	先生や学校の人々を敬愛し、みんなで協力し合ってよりよい学級や学校をつくるとともに、様々な集団の中での自分の役割を自覚して集団生活の充実に努めること。
伝統と文化の尊重、国や郷土を愛する態度	第1学年及び第2学年	我が国や郷土の文化と生活に親しみ、愛着をもつこと。
	第3学年及び第4学年	我が国や郷土の伝統と文化を大切にし、国や郷土を愛する心をもつこと。
	第5学年及び第6学年	我が国や郷土の伝統と文化を大切にし、先人の努力を知り、国や郷土を愛する心をもつこと。
国際理解、国際親善	第1学年及び第2学年	他国の人々や文化に親しむこと。
	第3学年及び第4学年	他国の人々や文化に親しみ、関心をもつこと。
	第5学年及び第6学年	他国の人々や文化について理解し、日本人としての自覚をもって国際親善に努めること。

D　主として生命や自然、崇高なものとの関わりに関すること

生命の尊さ	第1学年及び第2学年	生きることのすばらしさを知り、生命を大切にすること。
	第3学年及び第4学年	生命の尊さを知り、生命あるものを大切にすること。
	第5学年及び第6学年	生命が多くの生命のつながりの中にあるかけがえのないものであることを理解し、生命を尊重すること。
自然愛護	第1学年及び第2学年	身近な自然に親しみ、動植物に優しい心で接すること。
	第3学年及び第4学年	自然のすばらしさや不思議さを感じ取り、自然や動植物を大切にすること。
	第5学年及び第6学年	自然の偉大さを知り、自然環境を大切にすること。
感動、畏敬の念	第1学年及び第2学年	美しいものに触れ、すがすがしい心をもつこと。
	第3学年及び第4学年	美しいものや気高いものに感動する心をもつこと。
	第5学年及び第6学年	美しいものや気高いものに感動する心や人間の力を超えたものに対する畏敬の念をもつこと。

よりよく生きる喜び	第5学年及び第6学年	よりよく生きようとする人間の強さや気高さを理解し、人間として生きる喜びを感じること。

第3　指導計画の作成と内容の取扱い

1　各学校においては、道徳教育の全体計画に基づき、各教科、外国語活動、総合的な学習の時間及び特別活動との関連を考慮しながら、道徳科の年間指導計画を作成するものとする。なお、作成に当たっては、第2に示す各学年段階の内容項目について、相当する各学年において全て取り上げることとする。その際、児童や学校の実態に応じ、2学年間を見通した重点的な指導や内容項目間の関連を密にした指導、一つの内容項目を複数の時間で扱う指導を取り入れるなどの工夫を行うものとする。

2　第2の内容の指導に当たっては、次の事項に配慮するものとする。

（1）校長や教頭などの参加、他の教師との協力的な指導などについて工夫し、道徳教育推進教師を中心とした指導体制を充実すること。

（2）道徳科が学校の教育活動全体を通じて行う道徳教育の要としての役割を果たすことができるよう、計画的・発展的な指導を行うこと。特に、各教科、外国語活動、総合的な学習の時間及び特別活動における道徳教育としては取り扱う機会が十分でない内容項目に関わる指導を補うことや、児童や学校の実態等を踏まえて指導をより一層深めること、内容項目の相互の関連を捉え直したり発展させたりすることに留意すること。

（3）児童が自ら道徳性を養う中で、自らを振り返って成長を実感したり、これからの課題や目標を見付けたりすることができるよう工夫すること。その際、道徳性を養うことの意義について、児童自らが考え、理解し、主体的に学習に取り組むことができるようにすること。

（4）児童が多様な感じ方や考え方に接する中で、考えを深め、判断し、表現する力などを育むことができるよう、自分の考えを基に話し合ったり書いたりするなどの言語活動を充実すること。

（5）児童の発達の段階や特性等を考慮し、指導のねらいに即して、問題解決的な学習、道徳的行為に関する体験的な学習等を適切に取り入れるなど、指導方法を工夫すること。その際、それらの活動を通じて学んだ内容の意義などについて考えることができるようにすること。また、特別活動等における多様な実践活動や体験活動も道徳科の授業に生かすようにすること。

（6）児童の発達の段階や特性等を考慮し、第2に示す内容との関連を踏まえつつ、情報モラルに関する指導を充実すること。また、児童の発達の段階や特性等を考慮し、例えば、社会の持続可能な発展などの現代的な課題の取扱いにも留意し、身近な社会的課題を自分との関係において考え、それらの解決に寄与しようとする意欲や態度を育てるよう努めること。なお、多様な見方や考え方のできる事柄について、特定の見方や考え方に偏った指導を行うことのないようにすること。

（7）道徳科の授業を公開したり、授業の実施や地域教材の開発や活用などに家庭や地域の人々、各分野の専門家等の積極的な参加や協力を得たりするなど、家庭や地域社会との共通理解を深め、相互の連携を図ること。

3　教材については、次の事項に留意するものとする。

（1）児童の発達の段階や特性、地域の実情等を考慮し、多様な教材の活用に努めること。特に、生命の尊厳、自然、伝統と文化、先人の伝記、スポーツ、情報化への対応等の現代的な課題などを題材とし、児童が問題意識をもって多面的・多角的に考えたり、感動を覚えたりするような充実した教材の開発や活用を行うこと。

（2）教材については、教育基本法や学校教育法その他の法令に従い、次の観点に照らし適切と判断されるものであること。

ア　児童の発達の段階に即し、ねらいを達成するのにふさわしいものであること。

イ　人間尊重の精神にかなうものであって、悩みや葛藤等の心の揺れ、人間関係の理解等の課題も含め、児童が深く考えることができ、人間としてよりよく生きる喜びや勇気を与えられるものであること。

ウ　多様な見方や考え方のできる事柄を取り扱う場合には、特定の見方や考え方に偏った取扱いがなされていないものであること。

4　児童の学習状況や道徳性に係る成長の様子を継続的に把握し、指導に生かすよう努める必要がある。ただし、数値などによる評価は行わないものとする。

中学校学習指導要領（抄）2018年3月31日告示、2021年4月1日施行

第1章　総則

第1　中学校教育の基本と教育課程の役割

2（2）学校における道徳教育は、特別の教科である道徳（以下「道徳科」という。）を要として学校の教育活動全体を通じて行うものであり、道徳科はもとより、各教科、総合的な学習の時間及び特別活動のそれぞれの特質に応じて、生徒の発達の段階を考慮して、適切な指導を行うこと。

　道徳教育は、教育基本法及び学校教育法に定められた教育の根本精神に基づき、人間としての生き方を考え、主体的な判断の下に行動し、自立した人間として他者と共によりよく生きるための基盤となる道徳性を養うことを目標とすること。

　道徳教育を進めるに当たっては、人間尊重の精神と生命に対する畏敬の念を家庭、学校、その他社会における具体的な生活の中に生かし、豊かな心をもち、伝統と文化を尊重し、それらを育んできた我が国と郷土を愛し、個性豊かな文化の創造を図るとともに、平和で民主的な国家及び社会の形成者として、公共の精神を尊び、社会及び国家の発展に努め、他国を尊重し、国際社会の平和と発展や環境の保全に貢献し未来を拓く主体性のある日本人の育成に資することとなるよう特に留意すること。

第3章　特別の教科　道徳

第1　目標

　第1章総則の第1の2の（2）に示す道徳教育の目標に基づき、よりよく生きるための基盤となる道徳性を養うため、道徳的諸価値についての理解を基に、自己を見つめ、物事を広い視野から多面的・多角的に考え、人間としての生き方についての考えを深める学習を通して、道徳的な判断力、心情、実践意欲と態度を育てる。

第2　内容

学校の教育活動全体を通じて行う道徳教育の要である道徳科においては、以下に示す項目について扱う。

A　主として自分自身に関すること

自主、自律、自由と責任	自律の精神を重んじ、自主的に考え、判断し、誠実に実行してその結果に責任をもつこと。
節度、節制	望ましい生活習慣を身に付け、心身の健康の増進を図り、節度を守り節制に心掛け、安全で調和のある生活をすること。
向上心、個性の伸長	自己を見つめ、自己の向上を図るとともに、個性を伸ばして充実した生き方を追求すること。
希望と勇気、克己と強い意志	より高い目標を設定し、その達成を目指し、希望と勇気をもち、困難や失敗を乗り越えて着実にやり遂げること。
真理の探究、創造	真実を大切にし、真理を探究して新しいものを生み出そうと努めること。

B　主として人との関わりに関すること

思いやり、感謝	思いやりの心をもって人と接するとともに、家族などの支えや多くの人々の善意により日々の生活や現在の自分があることに感謝し、進んでそれに応え、人間愛の精神を深めること。
礼儀	礼儀の意義を理解し、時と場に応じた適切な言動をとること。
友情、信頼	友情の尊さを理解して心から信頼できる友達をもち、互いに励まし合い、高め合うとともに、異性についての理解を深め、悩みや葛藤も経験しながら人間関係を深めていくこと。
相互理解、寛容	自分の考えや意見を相手に伝えるとともに、それぞれの個性や立場を尊重し、いろいろなものの見方や考え方があることを理解し、寛容の心をもって謙虚に他に学び、自らを高めていくこと。

C　主として集団や社会との関わりに関すること

遵法精神、公徳心	法やきまりの意義を理解し、それらを進んで守るとともに、そのよりよい在り方について考え、自他の権利を大切にし、義務を果たして、規律ある安定した社会の実現に努めること。
公正、公平、社会正義	正義と公正さを重んじ、誰に対しても公平に接し、差別や偏見のない社会の実現に努めること。
社会参画、公共の精神	社会参画の意識と社会連帯の自覚を高め、公共の精神をもってよりよい社会の実現に努めること。
勤労	勤労の尊さや意義を理解し、将来の生き方について考えを深め、勤労を通じて社会に貢献すること。
家族愛、家庭生活の充実	父母、祖父母を敬愛し、家族の一員としての自覚をもって充実した家庭生活を築くこと。

よりよい学校生活、集団生活の充実	教師や学校の人々を敬愛し、学級や学校の一員としての自覚をもち、協力し合ってよりよい校風をつくるとともに、様々な集団の意義や集団の中での自分の役割と責任を自覚して集団生活の充実に努めること。
郷土の伝統と文化の尊重、郷土を愛する態度	郷土の伝統と文化を大切にし、社会に尽くした先人や高齢者に尊敬の念を深め、地域社会の一員としての自覚をもって郷土を愛し、進んで郷土の発展に努めること。
我が国の伝統と文化の尊重、国を愛する態度	優れた伝統の継承と新しい文化の創造に貢献するとともに、日本人としての自覚をもって国を愛し、国家及び社会の形成者として、その発展に努めること。
国際理解、国際貢献	世界の中の日本人としての自覚をもち、他国を尊重し、国際的視野に立って、世界の平和と人類の発展に寄与すること。

D　主として生命や自然、崇高なものとの関わりに関すること

生命の尊さ	生命の尊さについて、その連続性や有限性なども含めて理解し、かけがえのない生命を尊重すること。
自然愛護	自然の崇高さを知り、自然環境を大切にすることの意義を理解し、進んで自然の愛護に努めること。
感動、畏敬の念	美しいものや気高いものに感動する心をもち、人間の力を超えたものに対する畏敬の念を深めること。
よりよく生きる喜び	人間には自らの弱さや醜さを克服する強さや気高く生きようとする心があることを理解し、人間として生きることに喜びを見いだすこと。

第3　指導計画の作成と内容の取扱い

1　各学校においては、道徳教育の全体計画に基づき、各教科、総合的な学習の時間及び特別活動との関連を考慮しながら、道徳科の年間指導計画を作成するものとする。なお、作成に当たっては、第2に示す内容項目について、各学年において全て取り上げることとする。その際、生徒や学校の実態に応じ、3学年間を見通した重点的な指導や内容項目間の関連を密にした指導、一つの内容項目を複数の時間で扱う指導を取り入れるなどの工夫を行うものとする。

2　第2の内容の指導に当たっては、次の事項に配慮するものとする。

（1）学級担任の教師が行うことを原則とするが、校長や教頭などの参加、他の教師との協力的な指導などについて工夫し、道徳教育推進教師を中心とした指導体制を充実すること。

（2）道徳科が学校の教育活動全体を通じて行う道徳教育の要としての役割を果たすことができるよう、計画的・発展的な指導を行うこと。特に、各教科、総合的な学習の時間及び特別活動における道徳教育としては取り扱う機会が十分でない内容項目に関わる指導を補うことや、生徒や学校の実態等を踏まえて指導をより一層深めること、内容項目の相互の関連を捉え直したり発展させたりすることに留意すること。

（3）生徒が自ら道徳性を養う中で、自らを振り返って成長を実感したり、これからの課題や目標を見付けたりすることができるよう工夫すること。その際、道徳性を養うことの意義について、生徒自らが考え、理解し、主体的に学習に取り組むことができるようにすること。

また、発達の段階を考慮し、人間としての弱さを認めながら、それを乗り越えてよりよく生きようとすることのよさについて、教師が生徒と共に考える姿勢を大切にすること。

（4）生徒が多様な感じ方や考え方に接する中で、考えを深め、判断し、表現する力などを育むことができるよう、自分の考えを基に討論したり書いたりするなどの言語活動を充実すること。その際、様々な価値観について多面的・多角的な視点から振り返って考える機会を設けるとともに、生徒が多様な見方や考え方に接しながら、更に新しい見方や考え方を生み出していくことができるよう留意すること。

（5）生徒の発達の段階や特性等を考慮し、指導のねらいに即して、問題解決的な学習、道徳的行為に関する体験的な学習等を適切に取り入れるなど、指導方法を工夫すること。その際、それらの活動を通じて学んだ内容の意義などについて考えることができるようにすること。また、特別活動等における多様な実践活動や体験活動も道徳科の授業に生かすようにすること。

（6）生徒の発達の段階や特性等を考慮し、第2に示す内容との関連を踏まえつつ、情報モラルに関する指導を充実すること。また、例えば、科学技術の発展と生命倫理との関係や社会の持続可能な発展などの現代的な課題の取扱いにも留意し、身近な社会的な課題を自分との関係において考え、その解決に向けて取り組もうとする意欲や態度を育てるよう努めること。なお、多様な見方や考え方のできる事柄について、特定の見方や考え方に偏った指導を行うことのないようにすること。

（7）道徳科の授業を公開したり、授業の実施や地域教材の開発や活用などに家庭や地域の人々、各分野の専門家等の積極的な参加や協力を得たりするなど、家庭や地域社会との共通理解を深め、相互の連携を図ること。

3　教材については、次の事項に留意するものとする。

（1）生徒の発達の段階や特性、地域の実情等を考慮し、多様な教材の活用に努めること。特に、生命の尊厳、社会参画、自然、伝統と文化、先人の伝記、スポーツ、情報化への対応等の現代的な課題などを題材とし、生徒が問題意識をもって多面的・多角的に考えたり、感動を覚えたりするような充実した教材の開発や活用を行うこと。

（2）教材については、教育基本法や学校教育法その他の法令に従い、次の観点に照らし適切と判断されるものであること。

ア　生徒の発達の段階に即し、ねらいを達成するのにふさわしいものであること。

イ　人間尊重の精神にかなうものであって、悩みや葛藤等の心の揺れ、人間関係の理解等の課題も含め、生徒が深く考えることができ、人間としてよりよく生きる喜びや勇気を与えられるものであること。

ウ　多様な見方や考え方のできる事柄を取り扱う場合には、特定の見方や考え方に偏った取扱いがなされていないものであること。

4　生徒の学習状況や道徳性に係る成長の様子を継続的に把握し、指導に生かすよう努める必要がある。ただし、数値などによる評価は行わないものとする。

索　　引

《執筆者紹介》（執筆順、＊は編者）

＊伊藤良高　奥付参照 …………………………………………………… 第1章
＊冨江英俊　奥付参照 …………………………………………………… 第2章
　橋本一雄　桃山学院大学法学部准教授 ……………………………… コラム1
　中川雅道　神戸大学附属中等教育学校教諭 ………………………… コラム2
　小針　誠　青山学院大学教育人間科学部教授 ……………………… 第3章
＊大津尚志　奥付参照 ………………………………… 第4章、第12章3
　白銀夏樹　関西学院大学教職教育研究センター教授 ……………… 第5章
＊冨田晴生　奥付参照 …………………………………………………… 第6章
　東風安生　北陸大学学長・教授 ……………………………………… 第7章
　大堂晃嗣　大阪府豊中市教育委員会指導主事 ……………………… 第8章
　香﨑智郁代　九州ルーテル学院大学人文学部准教授 ………… 第9章、略年表
＊永野典詞　九州ルーテル学院大学人文学部教授 …………………… 第10章
　森　一郎　兵庫県教育・伝統文化研究所客員研究員 ……………… 第11章
　降旗直子　日本学術振興会特別研究員／早稲田大学 ……………… コラム3
　宮﨑由紀子　中九州短期大学教授 ……………………………… コラム4、略年表
　金了　幸　周南公立大学人間健康科学部福祉学科准教授 ………… コラム5
　苫野一徳　熊本大学教育学部准教授 ………………………………… 第12章1
　柴田賢一　常葉大学保育学部教授 …………………………………… 第12章2
　立花有希　宇都宮大学国際学部准教授 ……………………………… 第12章4
　胡　倩卓　保育研究者 ………………………………………………… 第12章5
　桐原　誠　湯出光明童園家庭支援専門相談員 ……………………… 略年表

《編者略歴》

伊藤良高（いとう よしたか）
　1985年　名古屋大学大学院教育学研究科博士課程単位取得退学
　現　在　熊本学園大学シニア客員教授、桜山保育園理事長、博士（教育学）
　著　書　『増補版 幼児教育行政学』（晃洋書房、2018）
　　　　　『保育制度学』（晃洋書房、2022）、他

冨江英俊（とみえ ひでとし）
　2000年　東京大学大学院教育学研究科博士課程単位取得退学
　現　在　関西学院大学教育学部教授、修士（教育学）
　著　書　『スタディスキルズ・トレーニング 改訂版』（共著、実教出版、2017）
　　　　　『教育の理念と思想のフロンティア』（共編著、晃洋書房、2017）、他

大津尚志（おおつ たかし）
　1999年　東京大学大学院教育学研究科博士課程単位取得退学
　現　在　武庫川女子大学学校教育センター准教授、修士（教育学）
　著　書　『世界の学校と教職員の働き方』（共著、学事出版、2018）
　　　　　『校則を考える』（晃洋書房、2021）、他

永野典詞（ながの てんじ）
　2012年　熊本学園大学大学院社会福祉学研究科博士課程修了
　現　在　九州ルーテル学院大学人文学部教授、博士（社会福祉学）
　著　書　『保育ソーシャルワークのフロンティア』（共編著、晃洋書房、2011）
　　　　　『子ども・若者政策のフロンティア』（共編著、晃洋書房、2012）、他

冨田晴生（とみた はるお）
　2011年　関西大学大学院文学研究科修士課程修了
　現　在　帝京平成大学ヒューマンケア学部教授、修士（文学）
　著　書　『新版 生徒指導のフロンティア』（共編著、晃洋書房、2013）
　　　　　『教育と教職のフロンティア』（共著、晃洋書房、2021）、他

改訂版
道徳教育のフロンティア

2014年 9 月30日　初版第 1 刷発行	＊定価はカバーに
2019年 4 月10日　改訂版第 1 刷発行	表示してあります
2025年 5 月15日　改訂版第 3 刷発行	

　　　　　　　　　　　　　　伊　藤　良　高
　　　　　　　　　　　　　　冨　江　英　俊
　　　　　　編　者　　　　　大　津　尚　志©
　　　　　　　　　　　　　　永　野　典　詞
　　　　　　　　　　　　　　冨　田　晴　生
　　　　　　発行者　　　　　萩　原　淳　平

　　　　発行所　株式会社　晃　洋　書　房

　〒615-0026　京都市右京区西院北矢掛町 7 番地
　　　　　　電話　075(312)0788番(代)
　　　　　　振替口座　01040-6-32280

装丁　クリエイティブ・コンセプト　印刷・製本　西濃印刷㈱
ISBN 978-4-7710-3192-0

伊藤良高 編集代表
2025年度版 ポケット教育小六法

新書判 340頁
定価1,430円（税込）

伊藤良高 著
保 育 制 度 学

Ａ５判 158頁
定価1,980円（税込）

伊藤良高・岡田 愛・荒井英治郎 編
教 育 と 教 職 の フ ロ ン テ ィ ア

Ａ５判 154頁
定価1,870円（税込）

伊藤良高・永野典詞・三好明夫・下坂 剛編
改訂新版 子ども家庭福祉のフロンティア

Ａ５判 124頁
定価1,540円（税込）

伊藤良高・大津尚志・橋本一雄・荒井英治郎 編
新版 教育と法のフロンティア

Ａ５判 144頁
定価1,650円（税込）

大津尚志 著
校 則 と 主 権 者 教 育
──続・校則を考える──

Ａ５判 192頁
定価2,420円（税込）

寺町晋哉 著
〈教師の人生〉と向き合うジェンダー教育実践

四六判 214頁
定価2,750円（税込）

石村卓也・伊藤朋子 著
新 ・ 教 師 論
──チーム学校に求められる教師の役割と職務──

Ａ５判 246頁
定価3,080円（税込）

野原博人・森本信也 編著
理 科 教 育 の 新 し い パ ラ ダ イ ム

Ａ５判 184頁
定価2,530円（税込）

KEL教育おしゃべり会 編
文科省は、イジメを解決できるか？
──民間教育白書──

Ａ５判 116頁
定価1,100円（税込）

晃 洋 書 房